21世纪企业经营智慧丛书

QIANLAO ZIJIN SHENGMINGXIAN

牵牢资金生命线

企业的融资运作

主编⊙侯书生 余伯刚
本册主编⊙孔淑红

四川大学出版社

责任编辑：陈　纯
责任校对：曹贝贝
封面设计：刘建波
责任印制：王　炜

图书在版编目(CIP)数据

牵牢资金生命线：企业的融资运作 / 侯书生，余伯刚主编. —成都：四川大学出版社，2015.9（2025.4 重印）
ISBN 978-7-5614-8982-6

Ⅰ.①牵…　Ⅱ.①侯…　②余…　Ⅲ.①企业融资－研究　Ⅳ.①F275.1

中国版本图书馆 CIP 数据核字（2015）第 219614 号

书名　**牵牢资金生命线——企业的融资运作**

主　　编	侯书生　余伯刚
出　　版	四川大学出版社
地　　址	成都市一环路南一段 24 号 (610065)
发　　行	四川大学出版社
书　　号	ISBN 978-7-5614-8982-6
印　　刷	三河市天润建兴印务有限公司
成品尺寸	170 mm×240 mm
印　　张	15.5
字　　数	258 千字
版　　次	2016 年 1 月第 1 版
印　　次	2025 年 4 月第 3 次印刷
定　　价	43.00 元

◆读者邮购本书，请与本社发行科联系。电话：(028)85408408/(028)85401670/(028)85408023　邮政编码：610065
◆本社图书如有印装质量问题，请寄回出版社调换。
◆网址：http://www.scup.cn

前言

资金是企业生产经营的生命线，是企业运转的血液。人没有血液不行，企业没有资金也不行。企业融资就是企业根据其经营需要，通过融资渠道和资金市场，选择适当的融资方式，快捷、经济、有效地筹集和集中资金。

现代经济是货币信用经济，资金成为社会再生产的主要推动力与持续推动力。融资既是现代企业从事生产经营活动的前提，又是企业生产经营持续进行的保证。也就是说，要成立一个企业，就必须有相应的资本，否则企业的生产经营就无从谈起。企业持续的生产经营活动不断地产生对资金的需求，这就需要融资。

企业融资需要通过一定的渠道，采取一定的方式并使二者合理地配合起来，以达到快速筹集资金，维持企业生存，支持企业发展的目的。

企业传统的融资主要是倾向于间接融资，特别是依赖于银行贷款。目前，我国企业正向现代企业转型，为了适应这种新形势，企业的融资方法也要有所创新，要由原来主要依赖银行贷款的间接融资，改为以吸收直接投资、股票融资、债券融资等直接融资为主。

银行贷款是企业解决资金临时不足的主渠道，利用银行贷款，进行扩大再生产和维持简单再生产，就是用“借鸡下蛋”的办法为企业创造利润。解决短期资金需求，银行贷款还是较好的办法。

信托业务支持不同经济成分对资金和信用的需求，为企业开辟了新的融资渠道。企业资金富余时，可以委托信托公司代为投资以取得较高的收益；企业资金不足时，又可以从信托公司取得信托贷款、委托贷款等资金，有力地增强了企业自我改造和自我发展的能力。

租赁融资不仅是以融物代替融资，同时这种资金融通又有期限较长的特点。租金在较长时间内分期支付可以大大减轻企业还款的压力，从这点上讲，租赁融资是优于银行贷款的融资渠道。

商业信用是企业用来保护本身权益的必要经济杠杆之一。在市场经济条件下，企业是相对独立的商品生产者，是权、责、利的统一体，在商品购销中企业间发生着广泛的经济联系，为适应新的经济形势要求，国家在保证银行信用占主导地位的前提下，有控制地开放了商业信用，适当扩大了商业信用的范围，这也受到了广大企业家的欢迎，从而使其得到了更加广泛的应用。

投资基金由于是将投资者的钱汇集起来交与投资专家打理，其风险低，回报丰厚，已成为国际上屡试不爽的定论，被誉为大众的“理想生财工具”。我国政府正以迫切的姿态推广投资基金，因为投资基金可以降低股市风险、抑制金融风波、更有利于将社会游资变为企业融资，是一件利国利民的好事。

发行股票是企业筹集自有资本的好方法，因为融入的资金不必偿还，还可以长期使用，它代表着企业的实力，对企业的发展有着举足轻重的作用。对企业来说，自有资本比率的高低是衡量其经营安全度的重要指标。如果比率过低，企业主要靠负债经营，抵御风险的能力低，不利于企业经营的稳定性。因此，随着企业生产经营规模的扩大，企业需要不断增发新股来提高自有资本占所有资金来源的比重。

发行债券进行融资已成为目前企业家用来完成巨大事业的重要手段。企业发行债券，既可以根据投资营运的不同需要，运用灵活多样的债券形式，筹集到大量的可供长期占用的资金，又无须顾忌债权人对公司决策的参与、干预和控制，是企业可以有效运用的良好融资方式之一。

国际融资又称利用外资，是企业走上国际化道路的重要一步。利用外资，可以将我们的国内市场和国际市场联系起来，同时还可以学习国外先进的生产技术和管理经验。随着企业经营的国际化，企业需要大力开展国际融资活动，利用国际股票、国际债券、国家基金和国际银团贷款等。特别是近几年广泛开展的项目融资，更为想干大事、创大业的企业家找到了新的融资方式。

各种融资渠道，各有其特点，也各有其利弊。企业要根据自己的实际情况分析各种融资方式的优劣，选择适合于自己生产经营特点的融资渠道和融资方式，使得过程更简捷、成本更低、效益更好。

作为新世纪的企业家，熟悉和精通融资运作知识和技巧是十分必要的。这些知识和技巧可以帮助企业家使企业从无到有，由弱到强，将企业做大、做强。

本书主要是为了满足企业家的上述迫切需要而编写的。书中紧密结合当前银行信贷与资金市场的实际情况和发展趋势，着眼于各种传统和新兴的融资手段的具体运用。一方面系统介绍了企业融资的方式、方法、策略和技巧；另一方面突出了直接融资手段和方法。

全书内容丰富，讲解细致，深入浅出，便于企业家在百忙之中抽时阅读，即学即用，使观念更新，方法更适合，技巧更熟练，以增强融资和调度资金的能力。

编　者

2014 年 7 月

修订于北京

目 录

第一章　银行贷款：企业间接融资的主渠道

第二章　*信托融资：企业间接融资的新天地*

第三章　*租赁融资：效益最大的融资方式*

第四章 *商业信用融资：融集短期资金的有效方式*

第五章 *基金融资：方兴未艾的融资新方式*

第一章

银行贷款：企业间接融资的主渠道

银行贷款是我国企业间接融资的主渠道。企业经营管理人员要利用银行贷款为企业生产经营服务，而银行贷款有一定的政策、原则和界限，并不是所有申请贷款的企业都可得到。因此企业能否及时取得银行贷款的关键是能否符合银行的贷款条件和要求，以及贷款的使用是否符合银行的信贷原则、制度和政策规定。只有了解银行信贷规定，企业在争取贷款时，才能有的放矢，及时足额地取得银行贷款，满足生产经营对资金的需要。

一、商业银行：企业间接融资的重要渠道

银行是我国重要的金融部门，它为企业提供融资服务，以资金“血液”为企业的发展提供动力。银行的主要业务就是通过存款形式融入资金，然后通过贷款形式融出资金，从而成为企业间接融资的重要渠道。

1. 我国主要商业银行及其主要业务

我国的商业银行主要有中国工商银行、中国农业银行、中国银行、中国建设银行和众多的股份制银行。

（1）中国工商银行

中国工商银行是中国最大的商业银行。该行负责办理城镇居民储蓄和城镇工商企业、机关团体、事业单位等的结算、存款及贷款等业务。贷款按用途划分为流动资金贷款、科技开发贷款、技术改造贷款、基本建设贷款；按借款企业性质划分为国营工商企业贷款、集体工商企业贷款、私营企业及个体户贷款；按币种划分为人民币贷款和外汇贷款。

中国工商银行设立总行、分行、中心支行（办事处）、县行（分理处）四级机构。总行和省一级分行为管理行，一般不对工商企业办理存、贷款业务。其余两级为经营行，具体办理结算、存款、贷款等金融业务。

（2）中国农业银行

中国农业银行始建于1955年，其后几经撤、建，最终于1979年恢复成立。其主要业务是办理农村与城镇居民储蓄、农村与城镇企业的存款、贷款、结算及农村信托、租赁、咨询等业务。贷款种类主要有城乡企业贷款、农村商业贷款、乡镇企业贷款、技术改造贷款、外汇贷款等。

中国农业银行自上而下设立各级机构。全国设总行，省、自治区、直辖市、计划单列市设分行，地区设中心支行，县设支行，县以下设营业所。营业所是农业银行的基层机构。

（3）中国银行

中国银行原是我国外汇、外贸专业银行，现在已发展成为一家开展综合性金融业务的银行，也是我国最大的外汇专业银行。其主要业务是负责办理城镇居民的外币储蓄，工商企业的外币存款、贷款以及与外贸、外汇业务有关的人民币存、贷款，对外贸易和非贸易结算，国际同业间的存款和贷款，根据国家授权，发行外币债券和其他有价证券。

中国银行设总行、分行、支行和办事处，并设立海外机构。

（4）中国建设银行

中国建设银行原是承担固定资产投资业务和经营投资信贷，代理财政基本建设拨款等业务的国家专业银行，始建于1954年，其后两落两起，终于1972年4月恢复成立。现在已发展成为一家开展综合性金融业务的银行，其主要业务为经营中长期投资业务、经管财政投资业务、办理城镇居民储蓄、对建筑行业的企业发放流动资金贷款等。

中国建设银行实行总行、分行、中心支行（二级分行）、支行四级体制。

（5）交通银行

交通银行的历史可追溯到1908年。现在的交通银行是1986年恢复成立的，目前已成为我国大型综合性银行之一，其主要业务除经营专业银行具有的人民币、外汇的存、放、汇业务外，还开办了证券、保险、房地产等金融业务。

交通银行是一家股份制银行，其分支机构设在经济中心城市。

（6）中信实业银行

中信实业银行是中国国际信托投资公司直属的一家综合性银行，成立于1987年。该行主要经营外汇业务，兼营部分人民币业务。主要业务有：办理外汇和人民币存、贷、汇业务；外汇买卖、兑换、调剂业务；代理发行股票、债券；办理各项信托、代理、担保、咨询、保管等业务。中信实业银行的服务对象以中信集团海内外所属各种机构、企业为主，同时为集团外其他企业服务。

还有其他众多股份制银行，如中国光大银行、兴业银行、中国民生银行、上海浦东发展银行等，这里就不一一介绍。

2. 商业银行贷款的基本原则和政策

企业要向商业银行贷款，首先必须要了解商业银行贷款的基本原则和政策，这样才能事半功倍。

（1）商业银行发放贷款的基本原则

贷款的基本原则是指银行办理贷款业务时，银行和借款单位必须共同遵守的行为准则。它是贷款发放、使用、收回过程中的管理准则，也是确保银行贷款安全性、流动性和营利性的重要保证。

①按政策发放贷款原则。即要求商业银行按国家的信贷政策和产业、产品政策择优发放贷款；借款单位必须按照银行规定的数量和用途使用贷款，并按规定向开户银行编送资金计划和借款计划，如实向银行反映资金经营情况，做到不虚报、不掺假。如果企业有弄虚作假行为，不仅要被银行取消贷款，而且还会影响企业的信誉，给申请贷款造成不必要的障碍。

②贷款应坚持物资保证原则。企业向商业银行申请贷款，必须要有适销对路的物资或有价证券作保证。贷款的投向及其运用应与物资运动的方向及数量相结合。贷款所形成的购买力，同物资的可供量及结构保持平衡，既能稳定市场货币的流通，又可基本保证信贷资金的安全。银行在发放担保或抵押贷款时，物资保证的概念除适用适销、适量的原则以外，还应扩展到指定的财产，如不动产、票据、债券等保证物，不仅包括有形的，还包括无形的财产，如专有技术、发明权等。银行在对劳务性行业、信息、科技等部门发放贷款时，可以将有应用价值的、能以价格衡量的无形财产也视为贷款的物资保证。

③贷款按期偿还并区别计息原则。这一原则要求贷款发放时即确定归还期限。企业按期如数归还，并根据不同的贷款对象、用途、期限规定不同的利率分别计息。企业按银行规定的期限偿还贷款和利息，是企业树立良好形象和信誉保证的最好证明，也为以后的贷款打下良好的基础。所谓“有借有还，再借不难”说的就是这个道理。

④“区别对待，扶优限劣”的原则。这一原则要求对符合国家产业政策、经营管理好的企业优先发放贷款，反之则限制。目前商业银行对申请借款的企业着重进行以下几个方面的考察：一是对经营效果的考察；二是对资金占用结构的考察；三是对产品结构的考察；四是对自有资本的考察；五是对信用程度的考察；六是对项目可行性的考察。通过以上几项考察对优的扶持，对劣的限制。

⑤以销定贷的原则。这一原则要求按企业销售资金率和产品适销状况确定贷与不贷、贷款多少。对符合产业、产品政策，畅销的积极支持；对平销产品不增加新贷款，但可以收回旧贷款后再发放新贷款；对滞销产品，不符合国家产业政策的产品停止发放新贷款，并收回旧贷款。

(2) 商业银行贷款的基本政策

商业银行贷款的基本政策是银行运用负债资金，组织管理信贷活动的基本准则界限。我国的贷款政策是国家某一时期的经济政策在信贷资金借贷方面的具体体现，是国家经济政策的重要组成部分。

①银行发放流动资金贷款的基本政策界限。商业银行的流动资金贷款只能用于企业的生产周转和经营活动，不得用于基本建设和其他财政性开支，不得垫缴未实现的税金和利润，不得垫付消费基金和职工借支。对违反上述规定的企业，商业银行要限期清理收回贷款，并酌情给予信贷制裁。

②商业银行对固定资产贷款的一般要求。一是按照政策择优发放。按照国家的方针、政策，经过对项目可行性研究报告的审查、评估、论证，在比较建设必要条件和经济效益的前提下择优发放贷款。二是执行计划、控制规模。固定资产贷款项目必须经过有关部门批准后纳入固定资产投资计划，在上级下达的贷款指标内掌握发放。三是财物结合、物资保证。固定资产贷款必须用于规定采购的材料设备，确保建设、改造项目顺利建成，发挥效益。

商业银行贷款政策不是一成不变的，它是随着各个时期客观经济条件和国家有关经济政策的变化而调整和变化的。当前企业贷款的基本政策是：以提高经济效益为核心，该支持的积极支持，该管住的坚决管住，贷款政策要和产业、产品政策相结合，努力提高信贷资金的使用效益。

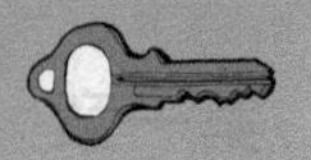

3. 商业银行的贷款对象与条件

准确把握商业银行贷款的对象与条件，是企业向商业银行获得贷款的基础。

贷款对象是指商业银行对哪些部门、企业、单位或个人发放贷款。其实质是确定贷款投向，划定贷款范围，表明银行贷款一定时期支持和限制的对象。

一般来说，贷款对象的选择要符合两项要求：一是要符合信贷资金运动的本质要求，能够保证信贷资金的正常回流；二是要符合国民经济发展的客观规律，促进国民经济的协调发展。回顾新中国成立以来，我国银行在贷款对象的所有制及产业结构的选择上，曾走过一条漫长而曲折的道路。实践证明，贷款对象确定得较为合理，并适应了当时的经济发展，就能起到促进作用，凡违反了经济发展规律，就会影响国民经济的协调发展，影响人民生活的改善。

按照上述两项要求，确定贷款对象的标准就是要看企业单位或个人所从事的经济活动是否具有经营性。所谓经营性，是指能够以正常的经营收入补偿支出，即有商品销售收入，包括有形的商品和无形的商品（劳务、技术等）。一切从事生产、流通和为生产、流通提供劳务、服务的有经济收入的单位，都是贷款对象；而没有还款来源的非经营性单位一般不能成为贷款对象。

现阶段商业银行贷款的具体单位包括：按所有制分，包括国有、集体、个体、联营、中外合资、外国独资企业；按产业结构分，包括生产、供销、劳务、产销联合体和科技、文教、卫生等；按管理体制分，包括中央、省、地（市）、县、乡各级所属的企业、单位及个体经营者等。

贷款条件是指具备什么条件才能取得贷款。贷款条件的规定是对贷款对象的具体要求，在贷款对象范围内选择和落实具体单位。

凡向商业银行申请贷款的企业、单位、个人，必须具备下列基本条件。

（1）必须经县以上主管部门和工商行政管理部门批准设立，依法登记注册，持有营业执照。

（2）必须是实行独立经济核算的营业单位。具备法人资格，具有独立处理全部业务的权力，能够单独计算盈亏，独立编制会计报表，有权对外签订经济合同，有权独立处理债权债务关系。

（3）必须拥有一定数量的自有资本。在企业流动资金贷款总额中自有资本应占比例：国有生产企业 70%；物资供销企业 50%；商业批发企业 20%；商业零售企业 60%；新建工业企业铺底资金 30%。企业还应逐年在税后留利中补充自有流动资金。

（4）必须在银行开立存款户和贷款户。

（5）有按期偿还贷款的能力。

4. 商业银行贷款的种类

目前我国商业银行贷款的主要种类可以归结为流动资金贷款、固定资金贷款、专项贷款、外汇贷款四类。

（1）流动资金贷款

流动资金贷款是银行发放的主要贷款，银行贷款的绝大部分用于企业流动资金需求。

①工业流动资金贷款。这是银行对工业、交通、物资企业对流动资金需要所发放的贷款。

②商业流动资金贷款。这是银行对商业企业发放的用于解决流动资金周转困难的贷款。

③农业流动资金贷款。这是银行对国营、集体农业企业和个体农户在生产经营中的资金不足所发放的一种贷款。目前已不仅限于纯农业方面，还包括对农村工业、商业的各种贷款。

（2）固定资金贷款

固定资金贷款是银行对企业进行基本建设、技术改造等固定资金需求所发放的贷款，它对于提高固定资产投资效益，促进国民经济协调发展具有重要意义。

①基本建设投资贷款。这是商业银行对工业、交通、商业等企业、事业单位的新建、扩建、改建的基本建设项目所需资金发放的贷款。它主要

包括两类：列入财政预算的基本建设支出，由财政拨款改为银行贷款；商业银行利用自有资金和吸收的存款资金发放的贷款。

②技术改造贷款。这是由各专业银行发放的一种主要的固定资金贷款。主要用于支持企业引进和采用新技术、新工艺、新设备、新材料，推广应用科技新成果，提高产品质量，发展优质名牌产品，增产市场急需的短线产品，降低能源和原材料消耗，开展综合利用而增加或更新设备等。

③小额技术改造设备贷款。这是在技术改造贷款基础上扩大使用范围的一种贷款。它主要用于企业更新设备或进行技术改造必须增添少量的关键性设备或单项小量工程的需要。贷款额度在 5 万元以内，贷款期限一般为一年半左右，最长不超过 3 年。

④商业网点设施贷款。这是商业银行对商业、饮食、服务企业扩大服务网点，改善内部设施等的资金需要所发放的固定资金贷款。重点用于投资少、见效快的大众化中小型网点改造项目上，贷款期限最长不超过 3 年。

⑤副食品基地贷款。这是银行对大中城市建立副食品基地的资金需要所发放的贷款，贷款对象主要是国有商业或商办企业，贷款期限最长不超过 3 年。

(3) 外汇贷款

根据惯例，外汇贷款一般分为现汇贷款、买方信贷、特种外汇贷款等几大类。

①现汇贷款。又称自由外汇贷款，是银行开办时间最长、贷款金额最大的外汇信贷业务。所谓自由外汇是指能够自由兑换其他国家或地区货币的外汇，如美元、英镑、日元、欧元、港元等。

②买方信贷。这是出口信贷的一种形式，它是国外银行为支持和扩大本国企业生产的产品出口，向购买本国企业产品的外国企业提供的贷款。为减少贷款的风险性，由国外银行提供的买方信贷一般不直接发放给购货企业，而提供给购货企业所在国的有关银行，由该银行转贷给购货企业。

买方信贷的特点如下：贷款起点金额大，有最低起点限制，没有最高限制；贷款额度不超过购销合同金额的 85%，其余 15% 由买方支付现汇，并在付足现汇后方能使用贷款；还款期限长并有宽限期。虽然各国银行买方信贷的还款期限不同，但一般都在 10 年以上，并给贷款企业 2－5 年的还款宽限期。借用买方信贷的企业必须向签订买方信贷协议的国家订货。

③特种外汇贷款。这是我国银行为适应某些企业技术改造的特殊情况，采取灵活做法发放的一种外汇贷款。

(4) 专项贷款

专项贷款是具有专门用途的贷款。大部分属于政策性固定资产贷款，既可以用于技术改造，也可以用于基本建设。其主要特点是政策性强、用途特殊、期限较长、利率较优惠、管理方式较灵活。专项贷款在促进经济和社会发展，调整产业结构和产品结构，改善投资环境，吸引外资，促进科技开发和技术进步，帮助贫困地区人民脱贫致富等方面，发挥着重要作用。

二、商业银行贷款实现的方法与程序

1. 企业向商业银行贷款的方式与方法

(1) 企业向商业银行贷款融资的方式

企业向商业银行贷款融资的方式主要有以下三种：

①超定额贷款。这是银行对企业由于季节性和临时性原因而形成的物资储备，在产品和产成品超定额而发放的贷款。银行只对超定额的合理部分贷款，具体数额可按剩余贷款指标计算，这是每次贷款的最高限额。其计算公式为：

$$\text{剩余物资保证}=\text{物资储备总额}+\text{未付款物资}-\text{不合贷款条件物资}-\text{已发超定额贷款金额}$$

$$\text{剩余贷款指标}=\text{超定额贷款指标}-\text{已贷超定额贷款指标}$$

如果剩余物资保证大于剩余贷款指标，表明指标不足，只能先按剩余贷款指标贷款，不足部分按程序追加贷款指标后才能贷款；如果剩余物资保证小于剩余贷款指标，则按剩余物资保证进行贷款。

②定额贷款。这是银行在国家核定的企业流动资金定额内，给予企业的贷款。这种贷款曾使用过三种方式：一是按比例贷款，即按企业流动资金定额的一定比例贷款；二是全额信贷；三是代财政垫付。在信贷体制改革以后，银行已不按定额发放贷款。

③生产周转贷款。这是银行对企业用于解决生产经营过程中，按销售资金率核定的流动资金占用额以内的资金需要而发放的贷款。这种贷款是根据企业的产品销售计划和流动资金周转率，及企业自有流动资金数额计算的。

（2）企业向商业银行贷款的方法

企业向银行贷款融资的方法主要有以下三种。

①逐笔申请、逐笔核贷。企业借款时，应逐笔提出申请，银行逐笔进行审查，确定金额和期限，到期逐笔收回。这种方法主要适用于企业阶段性资金需要，它有利于贷款的审查。逐笔核贷有两种不同的情况：一是逐笔核贷，信贷指标可周转使用，这种方法适用于生产周转性质的贷款；二是逐笔核贷，贷款指标一次性使用，这种方法适用于专项用途的贷款，如固定资金贷款、中短期设备贷款等。

②活放活收（存贷合一）。企业贷款时不必逐笔申请，由银行根据企业在一定时期内的业务和资金周转情况，核定贷款额度。企业在核定的额度内，进货时贷款，销货时还款，进贷销还，不定期限，指定周转使用，这种方法适用于商品流通贷款。

③一次申请，定期调整。企业在银行开立账户时办理一次贷款申请手续，平时用款不再逐笔申请。银行根据贷款额度定期调整。这种方法适用于托收承付结算贷款。

2. 企业向商业银行贷款的一般程序

利用商业银行贷款是企业重要的融资活动。贷款银行、利息及期限的选择对企业的资金运用效益起着举足轻重的作用。所以企业向商业银行贷款必须做好周密的准备工作，严格按企业贷款筹资的程序办事，并时刻注意可能出现的各种问题。企业贷款筹资的程序反映了企业利用银行贷款融资的客观规律，具体贷款程序如下。

(1) 贷款前的可行性研究

企业在向商业银行申请贷款前，首先应当弄清贷款的可行性，主要包括两个方面：一是要分析银行能否对企业贷款，选择哪一家银行，贷款的金额为多少？二是要分析企业对贷款的承受力，企业的配套能力与偿还能力。为此，需要分析社会经济一般形势、银行业的情况及企业本身的情况。

商业银行也是企业，以追求利润作为自己的目标，它在贷款时要考虑贷款的安全性、流动性和营利性。但这三个方面情况常常不一致，因而不能完全兼顾，必须在三者之间权衡轻重，作较优的选择。企业申请贷款时至少必须在其中的一两个方面满足商业银行的要求，才能获得银行的贷款。一般银行主要考虑企业以下几方面的情况。

一是借款企业的信誉和经营状况，指借款人或企业负责人是否可靠，企业管理和资金运用等方面是否健全，经营是否稳妥以及以往的信誉如何。银行要考察顾客以往的贷款及其偿还情况，以作为贷款发放决策的依据。

二是借款人的才干，指个人或企业主要负责人的才干、经验、经营才能、受教育程度、判断能力等。这可以从该企业历年的经营状况来考察，如果每年都有盈余，而且逐年增加，就大致可以判断借款人较有才干。

三是借款人的资本，一般企业资本大的，银行放款的风险相对小些。资本的状况可以从借款人财务报表上的总资产与总负债情况、资本的结构、固定资产与流动资产的情况、资产减负债后的净值反映出来。

四是放款的担保，借款人的信用固然重要，但具体的物质担保则更能减少风险和损失。担保品应是易于确定价值的、易于变现的、不易损坏的财产，放款的金额要按担保品打一定的折扣。

五是借款企业的经营情况，一般包括借款企业的行业在整个经济发展中的地位、前景及趋势等。

企业在申请贷款前，应当就以上几个方面进行研究，做好准备，同时还要考虑到银行业的竞争情况，银行的地理位置，银行的规模，银行的经营能力及信誉等。

(2) 提出贷款申请书

贷款申请书是企业向商业银行申请贷款的书面材料，要在上述可行性研究的基础上，综合反映企业目前的财务与经营状况以及未来发展趋势。根据贷款种类、规模和贷款银行要求的不同，贷款申请书可详可简。贷款申请书应包括的项目如下。

①总论：贷款目的，需要金额，优先项目，特别贷款项目。

②背景材料：现行负债总额，目前执行中的合同，现有流动资金；目前主要比率：流动比率，负债与资产比率，偿还固定费用能力。

③财务预测：主要比率预测：流动比率，资产负债比率，偿还固定费用能力；利润与偿还能力预测：年利润率，偿还期，偿还资金来源。

④贷款项目及担保：固定资产投资贷款，流动资金贷款，房地产投资贷款，存货贷款，担保。

(3) 进行贷款洽谈，签订贷款合同

银行有了贷款意向后，企业就可以具体与银行洽谈贷款期限、贷款金额和贷款条件。在洽谈中，企业一定要如实地介绍企业的财务与经营状况，特别是要抓住银行最为关心的问题。

洽谈成交后，就可以签订贷款合同。贷款合同一定要周密、详尽，一般至少应包括以下内容。

①贷款合同甲乙双方单位名称、地址、法人代表；

②贷款的期限、额度；

③贷款的时间、利息；

④贷款的用途、支用方式；

⑤贷款偿还的时间、方式；

⑥贷款担保；

⑦违约责任。

(4) 贷款的支用

贷款合同一经签订，企业就可以按合同规定支用贷款。企业支用贷款必须严格遵守贷款计划，按指定的用途、方式利用贷款。同时银行也会采取一定的措施，监督企业贷款的使用，一旦发现问题，银行有权停止对企业发放贷款。

（5）贷款本息的偿还与使用效果评价

企业必须按照贷款合同的规定还本付息，这是银行业务正常进行的必要条件。还本付息可以是到期一次偿付本息，也可以采用分次偿付的办法。如果企业不能如期归还本息，必须及时与银行取得联系，承担银行相应的损失，重新签订或修改贷款合同。

最后，企业应对贷款使用效果进行评价，从中总结经验。

三、企业向商业银行贷款的若干问题解析

1. 企业同商业银行贷款合同的签订、担保与公证

随着社会主义市场经济的不断完善，企业向商业银行贷款时的合同签订、担保与公证问题在企业融资中就显得愈来愈重要了。

（1）企业借款合同的签订问题

企业借款合同是银行（贷方）与借款企业（借方）就确立货币借贷权利和义务关系所签订的协议。银行与企业在签订借款合同时，必须以国家的法律、法规和计划为准则，遵循平等协商的原则。合同中应明确贷款的种类、数额、用途、期限、利率、还款的资金来源及还款方式、保证条款、违约责任和当事人双方商定的其他条款。

借款合同依法签订后，即具有法律效力，因此，企业与银行都必须遵守合同条款，履行合同规定的义务。一般来说，借款合同签订有以下 3 个步骤。

①借款企业提出申请。实际工作中，借款企业提出借款申请，一般以填写《借款申请书》（表格）的方式提出。借款申请的内容主要包括：借款单位名称及主要部门，现在地址；法人代表姓名、住址；企业现有职工人数，现有固定资产价值、资金利润率；借款用途、金额、期限，还款的

资金来源以及单位主管部门和财税部门的意见等。

②贷款银行审查。银行要对借款企业的申请进行审查，内容包括两个方面：第一，形式审查，即检查《借款申请书》有关内容的填写是否符合要求，有关的批准文件、计划是否具备等；第二，实体审查，即检查《借款申请书》有关内容是否真实、正确、合法。若审查结果符合贷款条件，可在《借款申请书》的审查意见栏内注明“同意贷款”字样。

③签订借款合同。借款企业的借款申请，经银行审查同意的，借贷双方可签订“借款合同”。合同必须采用书面形式。借款申请书、有关借款的凭证、协议书和当事人双方同意修改借款合同的书面材料，也是借款合同的组成部分。借款合同必须由当事人双方的法定代表人，或者凭法定代表人授权证明的经办人签章，并加盖双方单位的公章，才能生效。由第三方充当保证人的借款合同，还应由保证单位的法人代表签名，加盖公章。

签订借款合同时应注意：合同条款必须完备；必须明确违约责任；贷款数额大、期限长的借款合同，必须要求借款方提供必要的担保，如设置抵押品或第三方作保证人；对借款方提供担保的借款合同，应及时办理公证，以保证合同的顺利履行。

（2）企业借款合同的担保问题

担保是保证合同履行的一种法律制度。借款合同担保的目的是促使借款人履行合同，按期如数归还贷款本息。《借款合同条例》规定，保证条款为借款合同的必要条款之一。我国借款合同的担保方式主要有两种，即抵押和第三方保证。

①抵押。它是指借款合同中的借款方或第三方，以其财产作为履行合同的担保。当借款方不能履行合同时，作为贷款方的银行享有从抵押财产的价值中优先受偿的权利。抵押贷款的一般方式，是借款企业把产权属己的适销、适用的物资财产抵押给银行，在借款合同中订明有关抵押事宜，如抵押金额、抵押期限、抵押物的处置等，作为向银行借款的物资保证。抵押品一般包括：表示财产所有权和债权的各种有价证券和物权凭证，如股票、债券、国库券、提货单、汇票、期票等；动产和不动产，如房屋建筑物、机械设备、运输工具、材料或其他物品。

②第三方保证。即由借款方与第三方约定，当借款方不履行或不能履

行归还贷款的义务时，由第三方保证人履行或承担连带责任，一旦发生纠纷，银行可向法院对保证人提起诉讼，要求保证人归还借款。必须明确：保证合同是由借款合同（主合同）中的债权人（银行）与保证人签订的一个从合同，它随着借款合同的生效而生效，随着借款合同的解除（或终止）而解除（或终止）；保证合同必须是本着保证人自愿的原则签订的合同；借款合同的保证人必须是具有一定财力，并有一定财务支付能力的法人。

（3）企业借款合同的公证问题

借款合同的公证是指国家公证机关（公证处）对合同的存在及合法性的证明。一般的经济合同，应本着双方自愿的原则，由公证双方当事人向当地公证机关共同提出申请。而借款合同的特殊性（双方不是同时履行义务）决定了贷款方在合同签订时，就应提出对合同进行公证的要求。借款合同进行公证的程序是：向借贷双方共同的合同签订地的公证机关提出申请，并提交合同副本及有关证明材料；公证机关对合同当事人进行审查，并对合同内容进行调查；调查核实后，公证机关开具公证文书，公证文书的正本借贷双方各执一份，并应向各自的上级主管部门交存一份副本；按照现行规定，所需公证费用由双方当事人共同负担。

2. 商业银行贷款的成本与风险

企业向商业银行贷款的成本取决于借款人的类型、贷款金额、时间以及资本贷款状况。若企业财务状况良好，信用卓著，一般可以得到最优惠利率的贷款。反之，若企业流动比率、速动比率等财务比率偏低，则可能被要求提供抵押担保，并按高于最优利率的利率支付利息。

银行贷款利率的计算有以下三种方法。

（1）简单利率

如果借款获得的是简单利率贷款，则借款者收到全部借款金额后，在到期日将贷款本息偿还给银行。我国的银行贷款均采用单利计息，企业通常也用单利作基础，比较不同银行贷款的成本。简单利率的计算公式为：

$$简单利率 = \frac{利息费用}{借款人所得贷款金额} \times 100\%$$

例：某企业向某银行借得一笔金额为500 000元，期限为一年的简单利率贷款，年利息支出为60 000元，则其贷款利率为：

$$\frac{60000}{500000} \times 100\% = 12\%$$

（2）贴现利率

贴现利率指银行事先扣除利息（对贷款贴现），借款人实际得到的贷款数额为贷款面值与贴现息的差额。我国企业的应收票据贴现，采用的就是贴现利率。计算公式为：

$$贴现利率 = \frac{利息费用}{贷款面值 - 利息费用} \times 100\%$$

例：某企业以面值为200 000元、期限一年的应收票据向银行进行贴现，银行预扣利息费用25 000元，企业实得贷款资金为175 000元，则其贴现利率为：

$$\frac{25\ 000}{200\ 000 - 25\ 000} \times 100\% = 14.29\%$$

因贴现利率贷款将利息支付由期末提前到期初，有效利率相应提高。贴现期越长，有效利率高出名义利率越多；贴现期越短，则有效利率高出名义利率就越少。到期时间低于一年的贴现利率贷款有效利率的计算公式为：

$$贴现利率 = \left[\left(1 + \frac{利息费用}{贷款面值 - 利息费用}\right)^{n} - 1\right] \times 100\%$$

式中：n——贷款次数。

（3）附加利率

在附加利率贷款方式下虽约定为分期偿还贷款，银行通常仍按贷款总额和名义利率计算并收取利息。借款企业可用借款逐期减少，但利息并不减少，借款企业实际负担的利息费用相应加大。计算公式为：

$$附加利率=\frac{利息费用}{借款总额/2}\times 100\%$$

例：某企业向银行借得一笔名义利率8%、期限一年的短期贷款600 000元，按合同规定，企业每月归还贷款的1/12，年终一次还本付息。则其附加利率为：

$$\frac{600\ 000\times 8\%}{600\ 000/2}\times 100\%=16\%$$

银行贷款在短期融资中的风险处于中等地位，它在以下几种情况下存在风险。

①不能偿付的风险。如果企业的银行借款金额过大，将降低企业的流动比率，可能出现不能偿付的风险。

②降低信用等级的风险。无担保贷款如果不能及时偿付，会影响企业的信誉和筹资能力，从而产生降低信用等级的风险。

③担保物变卖损失风险。如果有担保贷款不能按时偿还，有造成较大损失的风险。在有担保贷款的条件下，银行有权变卖担保物，如果以低于担保物价值的价格出售担保物，则企业将招致严重损失。

3. 商业银行贷款的展期

商业银行贷款的展期，是由于有正当理由不能按期归还贷款，而按一定程序合理延长归还贷款的期限。所谓正当理由主要是指两种情况：一是由于人们事先难以预计到的客观情况的变化，如因国家计划调整、自然灾害或意外事故等致使销售计划未能完成；二是原定的贷款期限经银行认可确定不合理。由于这两种情况借款单位按期还清借款本息确有困难时，可以在贷款到期前向银行提出部分或全部贷款展期申请，具体说明要求展期的理由和时间，并要填写延期还款申请书。按银行规定，一笔贷款只能延期一次，延期的时间一般不能超过原定的贷款期限，延期前的贷款利息必须结清。

借款企业填报贷款延期申请书后，只有经银行审查批准后才能延期。如属主观原因造成贷款不能按期归还，不能办理转期手续，或虽有理由但未申请转期，以及转期后又不按期归还的，从贷款到期的第二天开始按逾期贷款处理。

商业银行对企业不能按约定期限偿还、又不同意转期的贷款实行加息，即对逾期贷款，其利率在原定利率基础上上浮。上浮的幅度通常在20%以上，具体视贷款的性质、种类和拖欠时间而定。

其计算方法分两步：先按规定的浮动幅度算出逾期贷款利率；再按原定的计息方法计息。逾期贷款利率的计算公式为：

$$逾期贷款利率 = 原定利率 \times (1 + 浮动幅度)$$

4. 商业银行的信贷制裁

企业如违反财经纪律、金融政策、借款合同及资金使用管理的有关规定，银行要采取相应的制裁措施。

(1) 信贷制裁的方法

信贷制裁的方法主要有如下几种。

①提高违约贷款利率；

②强制收回违约贷款本息；

③提前收回用途不当的贷款；

④停止部分或全部贷款；

⑤追回已发放的全部贷款。

(2) 信贷制裁的审批与执行

信贷人员根据企业出现问题的严重程度，确定适当的制裁措施，填写《信贷制裁通知书》，交科（股）长审核，报行长（主任）批准执行。《信贷制裁通知书》一式三联，一联通知企业，一联由信贷内勤编号登记，一联交银行会计部门。

(3) 信贷制裁的解除

若企业对存在的问题积极采取措施，生产经营和资金使用有较大的改善后，可提出解除信贷制裁的申请，信贷人员调查核实后，认为可以解除信贷制裁的，填写《解除信贷制裁通知书》，交科（股）长审核，行长（主任）批准。《解除信贷制裁通知书》一式三联，一联由信贷内勤保管，一联交银行会计部门执行，一联通知企业。

信托融资：企业间接融资的新天地

信托融资是以信托为基础的委托行为。通常把信托分为两大类：贸易信托和金融信托。此处所讲的是金融信托，它是非银行金融机构经办的，以代理他人运作资金、筹集资金、买卖有价证券、管理财产等为主要内容的信托行为。因此，金融信托也是融资的一种方式。

一、信托：历史与时代的宠儿

信托是一门古老的行当，它在现代经济发展中占有重要地位。信托业务是一种以信用委托为基础的经济行为，它在企业融资方面有着十分重要的作用。因此，它在融资市场有着独特的魅力。

1. 信托的概念与特点

信托就是信用委托之意，是指人们以信任为基础相互结合产生的经济行为，即按照一定的目的，由一方委托另一方管理和处理自己的财产或资金的行为。信托分为贸易信托和金融信托两大类。经营商业性质的委托代理业务称为贸易信托，如代客买卖、运输、仓储各种商品物资的业务。金融信托又称银行信托，是金融机构经办的，代理他人运用资金、筹集资金、买卖有价证券、管理财产等事务的信用活动。这里所讲的信托就是银行信托。

信托具有如下特点。

其一，信用是信托行为产生的基础。信托是以信任为基础的委托行为，因此委托人只有充分信任受托人有能力去运用管理其财产，才会去委托他；同时受托人之所以受托，也在于相信委托人有财产的所有权和处分权。如果没有相互信任，信托就无法产生。以信用为基础，这一点同银行信用和商业信用是相同的。

其二，信托体现的是一种多边信用关系。信托行为的发生，一般涉及三方面的关系人，即委托人、受托人和受益人，有时委托人和受益人还不止一个。这同银行信用不同，银行信用体现的是存款或贷款人各自发生双边的受信和授信关系。

其三，信托财产的所有权发生转移。在信托关系中，委托人必须是该项财产的所有人，并且按时把信托财产的所有权转移给受托人，受托人才能独立地行使管理和处理权利，执行信托合同。这种所有权的转移，是信托特有的，与银行信贷活动不同。在我国，这种所有权的转移是从名义上进行转移，在国外是从实质上进行转移，只有转移所有权，受托人才能拥有足够的权限来完成合同规定的内容。

其四，作为信托对象的信托财产具有转让性和独立性。金融信托成立的前提是，必须有可供转让的财产，并以受益人取得财产及收益为目的。这种可供转让的财产称为信托财产。在信托关系中，委托人必须是该项财产的所有人，并且按时把信托财产的所有权转让给受托人，受托人才能独立地行使管理和处理权利，执行信托合同。而银行信用的所有权不会转让。资金的所有权与使用权是完全分开的，银行和借款单位只有使用权而没有所有权。信托财产的独立性表现在两个方面：一是信托财产与金融信托机构的固有财产要区分开来；二是不同委托人的不同种类的信托财产要区分开来。强调和维护信托财产独立性的目的在于保护委托者的利益。为了实现信托财产的独立性，金融信托机构要依照不同的委托者、不同的信托财产分别管理，分别计算。

其五，信托活动以中长期信用为主。委托人设定信托时，目的可以千差万别，但都具有中长期信用的特点。把信托财产交给受托人与存到银行有明显区别，存到银行的多是短期的暂时闲置资金，而交给受托人运用管理，多是为了进行投资，实现资金的增值，必须有一个较长的期限。这个中长期信用的特点，使得信托企业能够获得稳定的资金进行必要的投资运用，以获得较高投资收益交给受益人，所以收益也较存入银行高。

其六，信托业务灵活多样，融资与融物相结合，适应性强。信托业务范围广泛，形式灵活，有信托存款、信托贷款、信托投资、委托贷款、委托投资、代理业务、租赁业务和签证业务。融资形式不仅表现在货币上的融通，还表现在物资上的融通，可将融资与融物相结合，可见信托的融资形式也是多样的。而银行信用的融资表现在货币形式的借贷，即存款和贷款。

其七，信托行为责任和收益分配的方式均不固定。由于金融信托主要体现在委托者的意图，因此，金融信托机构是否参加信托财产运用后所得的收益分配，或承担信托财产运用中的亏损，是不固定的，金融信托机构对信托财产运用承担有限责任；而银行信用，银行要承担信贷资金运用中

的全部风险，承担全部责任。信托机构对信托财产运用后的收益，依存于对信托财产经营效率的高低，故它的收益金额是不固定的，而银行信用对存款人支付的利息和收取贷款人的利息都是按一定的利率计算的。

2. 信托的重要作用

信托的作用主要体现在以下几个方面。

(1) 聚集长期稳定的资金，支援国家建设

信托业务同银行业务一样，具有筹集资金的作用。但是，银行筹集的主要是预算内资金，并用于计划内的项目。随着经济体制的改革，预算外的资金在逐步扩大，如金融信托机构吸收的信托存款的资金来源主要是企业基金、劳保基金，科研基金，各种基金会的基金等都具有长期稳定的特点。信托机构运用其本身聚财兴业的职能，通过接受信托存款，委托投资及代办、代理业务，将社会上闲置的资金集中起来，利用信托投资形式，将筹集的资金转化为比较长期和相对稳定的固定资产再生产资金。因此，开展信托投资业务，对于利用再生产过程中的闲置资金，增加社会财富，支援国家建设具有重要意义。

(2) 可以更好地融通资金，提高资金的使用效益

在银行信用下，企业只能将闲置的资金存入银行，获取象征性的利息，甚至无息。企业资金不足，只能向银行借款，筹借不到贷款，只好陷于困境。一方面造成资金的浪费；另一方面造成资金的不足，资金不能得到很好的融通和使用效益。而信托业务支持了经济成分对资金和信用的需求。企业资金闲置，可以委托信托公司代为运用、投资，取得较高的收益。企业资金不足，可以从信托公司取得信托贷款、委托贷款、信托投资等资金，有力地增强了企业自我改造、自我发展的能力。

经济效益是一切经济工作的核心，对资金的使用也要讲究效益，让资金充分发挥应有的作用。过去企业主管部门对所属单位和所属企业的资金调拨，大都采取无偿、无息、无期限的做法，往往因此助长了所属单位、企业的依赖性，以及资金使用上的浪费。通过信托机构，把拨款变成委托贷款或委托投资，成为有偿、有息、有期限的资金，给企业一定的压力，促使其灵活有效地使用资金，提高资金使用效率。信托机构还通过融资与融物相结合的形式，帮助企业搞活产品和物资，充分发挥物资的利用效率，弥补资金的不足，从而为企业和个人提供运用资金和财产的多种形式和广阔市场。

（3）为单位、个人理财，提高收益

信托机构通过举办委托贷款和委托投资等业务，为企业主管部门、地方财政部门和单位代管财物，既解决了资金投入后监督无力、资金周转慢、难以收回的问题，又可帮助这些单位用长期闲置的资金获取较高的收益，增加收入，增强资金实力，化死钱为活钱，化小钱为大钱。对于个人信托业务，可解决委托人难于管理和处理财务问题，如执行遗嘱、监护、代理投资、代保管等。

（4）提供多样化的服务，促进金融业务的发展

信托业务的灵活多样，突破了银行信用这种单一的信用方式，促进了金融体制的改革。如单位定期存款、买方和卖方信贷、补偿贸易贷款、票据承兑贴现、对非盈利单位贷款、对集体和个人单位贷款，大多是通过信托率先试办后，才推广开的。同时金融信托的产生又为金融大家庭增添了新成员，打破了银行对信用的垄断地位，迫使银行增强危机感，促使其开展合理的业务竞争、搞活资金、改进服务，适应了经济不断发展的新形势，促进了金融业务的发展。

（5）沟通横向联系，促进经济协作

金融信托不仅作为人们可信赖的“法人”接受各方面的委托，在经济上承担中介的责任，为发展经济协作服务，还可以通过多种方式，发展横向的资金融通，以促进横向经济联系，对多方面、跨地区的经济协作、发展起到“接力”作用。这一作用是金融信托的特点决定的，不是其他金融工作所能完全取代的。

由上可知，信托在融资领域内有着非常独特的魅力。

二、信托融资：一片新的天地

1. 信托融资是融资市场的弄潮儿

信托融资业务，指受托人按照委托人指明的特定的或一般的要求，收受、经办或运用信托资金的业务。主要有信托存款、信托贷款、信托投资、委托投资等。简要介绍如下。

(1) 信托存款

信托存款是金融信托机构办理信托业务的主要资金来源，是金融信托机构以信托方式吸收的存款。具体地说，就是金融信托机构接受机关、团体、企业单位的委托，代为管理或运用的存款。

①信托存款的分类。信托存款按是否指定存款的运用范围、用途，分为普通信托存款和特约信托存款两种。

其一，普通信托存款是一种定期性质的信托存款，是存款单位将较长时间闲置的预算外资金存到信托投资公司，不具体指定其存款的使用范围和用途，而委托信托投资机构负责代为运用管理的一种信托业务。

其二，特约信托存款也就是委托存款，是指地方政府、各级财政、企业主管部门以及其他单位将无偿拨款或其他有权自行支配的资金存入信托投资机构，委托其办理有偿贷款或投资的一种信托业务。特约信托存款是存款单位指定了投资范围和对象以及收益的分配方法等，存款时必须同信托投资机构签订契约的一种信托业务。

②信托存款的来源。我国金融信托机构吸收信托存款的资金，主要是接受长期的大额的企业信托和委托存款。

按照规定，凡是基本建设资金、企业技术改造资金和生产资金均应存入有关银行专款专用，不能作为信托存款。因此金融信托机构对下列资金不予接受委托：各级财政、税务部门的资金和基本建设施工企业的更新改造资金；部队经费及其所属企业的各项资金；民政部门的救济金及救灾金；与银行有信贷关系的单位的资金。

（2）信托贷款

信托是指委托人基于对受托人（信托投资公司）的信任，将委托人合法拥有的资产委托给受托人，由受托人按委托人的真实意愿以实现受益人利益为目的，进行管理或处分的行为。利用信托行为进行贷款就是信托贷款。

信托贷款属于直接融资，具有很强的灵活性，与银行贷款在操作程序上和利率基准限度上都具有明显区别。

信托贷款以项目选定主体的不同以及委托人是否提出特定的要求为依据，可分为两大类别：甲类信托贷款和乙类信托贷款。这两类贷款的区别是，甲类信托贷款是由委托人指定贷款项目，项目风险由委托人承担负责。乙类信托贷款是由受托人选定项目，风险相应由受托人承担负责。

信托贷款按贷款的用途区分，可划分为固定资产信托贷款、流动资金信托贷款和临时周转信托贷款。

信托贷款的主要资金来源是信托存款，这是信托机构接受委托人委托代管的存款。

（3）信托投资与委托投资

信托投资是信托机构运用自有资金和组织信托存款、发行股票、债券筹集的资金，以投资者的身份，直接向生产经营企业进行的投资。委托投资是信托部门按照委托人的要求，以缴存的资金，向其指定的单位、项目进行的投资。二者均是企业筹资的重要渠道。

①信托投资。

信托投资的主体是金融信托机构。资金来源是吸收的信托存款及其他筹集到的资金，也就是居民个人的生活节余和闲置在各个部门的预算外资金。

信托投资的目的是在不违反国家经济政策的前提下，追求利润最大化，利润率的高低决定了信托投资的方向。信托投资主要针对有现实经济收益的企业。投资者通过参与企业利润分红，取得收益。

②委托投资。

委托投资的投资主体是委托人，信托机构一般不承担经济责任，只收取一定比例的手续费作为报酬。

委托投资的资金来源于委托人。委托投资期限一般较长，大多在10年以上，有的没有规定期限。委托投资则要求信托企业代委托人参与企业的管理活动。

2. 企业不同信托融资方式的分析与选择

我国企业可以利用的信托融资方式有四种，即委托投资、委托贷款、信托投资、信托贷款。每一种方式的做法和特点我们在上述内容中已作了分析，这里简单分析一下各种方式的优劣，以便企业运用时进行选择。

(1) 融资期限的分析与选择

从我国这四种信托融资方式可以看出，投资类的两种方式（即信托投资与委托投资），在期限上要长于贷款类方式（即委托贷款和信托贷款）。贷款类方式期限多在3年以内，而投资类方式期限多在10年左右，其中相当一部分是无限期的投资。因而对于企业来说，投资类方式能提供稳定的、长期的资金来源，有利于企业从容运用资金，作长远打算，增强企业市场竞争力。

(2) 融资金额的分析与选择

在信托融资中，投资类方式所筹集资金的金额较大。因为这类业务的投资人是为了赚取利润而进行投资的。而对于企业来说，更新设备、扩大生产规模，所需资金量很大。投资少，杯水车薪，无济于事，因此，必须一次性注足资金。同时，由于建设项目的不可逆性，资金在使用中不足时，应企业要求，投资人还可以追加投资，以保证项目顺利建成投产，产生效益。而贷款类方式一般所融资金金额较小，中途也不追加贷款。

(3) 融资成本的分析与选择

构成贷款类方式的融资成本，包括下列几个部分。

①贷款的利息。所用利率越高，利息金额越大。

②委托贷款的手续费。这笔费用是由企业交给信托机构作为中介服务的费用。

③办理其他有关手续所产生的劳务费和其他费用，如：申请费、批件费、公证费、保险费等。

构成投资类方式的融资成本中，包括下列几个部分。

①分配给投资人的收益。收益按期支付给投资人，其金额大小按双方签订合同所确定的比例或方法进行。

②手续费。

③办理其他手续的劳务费用及其他费用。

由于构成成本的各组成部分在计算方式上的具体性，贷款类和投资类很难说清谁优谁劣。如果我们把上述四种方式分为委托类（委托投资、委托贷款）和信托类（信托投资、信托贷款）的话，通常委托类的成本低于信托类的成本。因为大部分委托类业务，是由企业的主管部门和地方财政部门出资，为了促进某一行业或企业的发展而进行的投资，较多注重于企业的利益。

（4）融资效益的分析与选择

企业信托融资效益的好坏，因不同企业的融资方式，甚至可能千差万别。通常来说，投资类业务由于期限长，数额大，投资人对企业的生产经营就特别关心，必要时投资人亲自或派人参与企业的经营管理，监督企业的资金使用，因而效益有保证；而贷款类业务，出资人对企业的关心程度一般较低，只注重于到期收回资金，本金及利息，而并不太观注企业的长远利益。

上述分析是建立在一般情况的前提下，企业利用信托融资，到底采用哪一种方式好，还要根据具体的问题具体分析。因为融资涉及的因素太多、太复杂，需要企业从多方面多角度来综合考虑才能做出决定。而且在很多情况下，企业往往没有什么选择余地，特别是在目前资金普遍偏紧的情况下更是如此。因此，企业必须从更广的范围内来筹集资金。

三、信托融资的业务原则与业务程序

1. 信托融资的业务原则

信托融资的业务原则主要有以下几条：

(1) 符合国家经济政策的要求

信托融资的重点，应放在发展国民经济急需的产品或项目上，以加强国民经济的薄弱环节，调节市场产品的供需矛盾。合资企业必须按规定报经有关部门批准，属于固定资产投资的部分，要纳入国家固定资产投资计划。

(2) 融资项目切实可行

融资项目，必须在实施以前进行认真的调查研究，要对建设项目的必要性、可行性、经济合理性等各方面进行全面的论证和分析，切忌匆忙上马，盲目上马。既要从宏观经济角度，从国民经济整体利益出发，研究项目的作用和影响，又要从微观经济角度，测算融资的经济效益，分析融资资金的使用是否合理，以确保信托融资项目的切实可行。

(3) 合理分享利润

参与融资的各方应本着平等、互利的原则，兼顾各自的经济利益。根据各方提供的资金、场地、设备、技术和劳动力等条件，以及承担义务的多少和大小，共同商定合理的利润分成比例和折旧基金的分配办法，以确保融资各方的经济利益。

(4) 融资的经济效益要高

信托机构的筹资成本都较高，为了获得不低于社会平均利润的收益，融资项目必须有良好的经济效益，这样，才能够既保证融资资金的保值和增值，又能够获得丰厚的红利收入，否则，信托融资业务难以正常进行。

2. 信托融资业务的主要程序

（1）企业提出合资意向书

有意合资的企业，根据自己的生产经营情况，经预测融资有效益，又缺乏其他筹资手段时，可向信托公司申请信托融资，提出合资的愿望要求，并附上有关企业的会计报告、统计资料和市场信息。

（2）信托公司对融资企业进行审查

审查的主要内容是：融资企业是否经工商行政管理部门批准成立；融资项目是否已纳入国家固定资产投资计划；企业的经营范围是否符合国家政策；产品的市场前景如何；企业管理人员的个人素质与整体素质如何等。

（3）进行可行性研究

可行性研究是根据国民经济长期规划和地区规划、行业规划的要求，用现代科学方法分析论证所建项目在技术、工程和经济上合理可行的方法。它通过全面分析论证，对各项方案做出比较，提出评价，这是融资的关键环节。可行性研究一般包括以下四个阶段。

其一，机会研究。融资机会，产生一个大致的融资意向。

其二，初步可行性研究。主要解决融资机会是否有希望，对关键性问题，进行专题调查分析，研究的主要内容是项目或企业今后有无市场竞争实力。

其三，技术经济可行性研究。这是可行性研究的主要阶段。其内容有：说明工程项目的简要状况；预测市场需求，研究建设规模；分析项目的资源情况和协作条件；分析比较建厂方案；调查预测企业对环境的影响，并提出治理对策；对企业组织、劳动定员和人员培训提出初步意见；提出实施建设进度的意见；估算投资成本和产出成本，提出合资方式；评价社会及经济效益。

其四，写出评价报告。说明该项目实施的可能性及主要优缺点。

（4）进行建设项目评估

项目评估是在可行性研究报告的基础上，对项目在技术、工程、经济

及社会和自然环境上是否合理和可行方面进行的再论证。其内容为：项目的概况审查；市场和规模分析；技术和设计分析；财务效益分析与预测；经济效益分析；总评估，最后作出判断，对项目建设的必要性以及技术上、财务上、经济上的可行性做出评价。

(5) 确定融资方式和投资金额

在可行性研究和项目评估的基础上，融资的双方或多方应商定各自融资的方式与金额，为减少风险，信托企业对一个项目的融资不宜过多。

(6) 签订融资合同

融资各方在协商一致的基础上，共同签订融资合同，明确融资项目的基本内容、融资方式、融资金额、管理方式、分红办法，融资各方的权利、义务以及违约责任等。合同一经签订，即具备法律约束力，各方必须严格执行。

(7) 融资后的管理与监督

在融资资金到位，项目开始投产运行后，融资的双方应严格按照协议的规定，对融资企业的生产经营以及建设活动进行必要的管理与监督，出现问题与矛盾应设法合理解决，从而确保能够取得预期的融资收益。

租赁融资：效益最大的融资方式

同银行信贷一样，租赁是一种信用活动，通过租赁，出租人与承租人之间形成了一种债权债务的关系。但是，租赁又是不同于银行信贷的特殊的信用活动。银行信贷是一种纯粹的货币借贷活动，仅仅能起到“融资”的作用。租赁则是以“融物”的形式达到“融资”的目的，融资与融物浑然一体，成为融资与融物相结合的一种信用活动，是一种特殊的价值运动形式。随着社会主义市场经济的不断健全和完善，租赁正在成为一种重要的融资方式而为广大企业广泛采用。目前，租赁业在我国发展很快，其在融资市场已成为了一枝傲放的新秀。

一、租赁融资：融资市场一枝独秀

租赁是商品经济的产物。现代意义上的租赁，是20世纪50年代在西方资本主义国家出现，并迅速发展起来的。它是以高价值的机器设备为租赁标的物，以工商企业为承租人，以金融机构为出租人进行的期限较长的租赁。目的是一方面解决设备生产企业的产品积压过剩；另一方面，为急需设备进行产品更新换代，同时为缺乏必要资金的企业提供设备，以解决生产经营的燃眉之急。我国的租赁业是改革开放逐步形成和发展起来的，是“对外开放，对内搞活”的产物。为解决我国普遍存在的资金不足，设备老化，更新改造无力的局面发挥了重大作用，同时也使我国企业的筹资多元化，提高了企业的应变能力，为经济发展做出了重大贡献。

1. 租赁的含义与分类

租赁是财产所有人（出租人）将其财产定期出租给需要这种财产的人（承租人）使用，并由后者向前者按期支付一定数额的租金作为报酬的经济行为。按照我国汉语定义，“以物赁人取其值曰租”，即把物品借给他人使用收取报酬称之为“租”；借他人物品使用而支付费用称之为“赁”。这是租赁的广义概念。

租赁，对于出租人来讲，财产所占用的资金不能马上收回，等于向承租人发放了一笔贷款，再通过收取租金的形式收回贷款的本息，从而完成一笔放款业务；而对于承租的企业来讲，扩大再生产所需要的设备，可以购买，也可以租赁，通过租赁、租用，企业等于筹集了资金购买了设备。分期支付的租金等于分期偿还借款的本息。从这一点讲，租赁是资金不充足而又急需某种设备的企业筹集资金的一种特殊方式，是一条有效的筹资渠道。

租赁业务按照性质可分为两大类：一类称为融资租赁；另一类称为经营性租赁，又称管理租赁或服务性租赁。我国的信托业务和机构经营的租赁业务主要是融资性租赁业务。

融资租赁，是指当企业需要添置某些技术设备而又缺乏资金时，由出租人代其购进或租进所需设备，然后再出租给承租单位使用的一种租赁方式。

融资租赁是一种以“融物”代替“融资”，融物与融资密切相连的信用形式。当企业需要筹措资金添置设备时，租赁机构不是向其直接提供贷款，而是为其代购机械设备然后出租给该企业，即以“融物”的方式达到资金融通的目的。它以融通资金为目的，以技术设备等动产为租赁对象，以经济法人——企业为承租人，具有非常浓厚的金融色彩，因而，国外也称为金融租赁。

融资租赁按其业务方式，可以分为如下几种形式。

(1) 直接购买租赁

由租赁机构以自有资金或借入资金向生产厂商购进技术设备，向承租企业出租；或者通过向国外借款或向国外厂商招股集资方式，筹集外汇资金，购进外国技术设备，向承租企业出租。这些租赁方式，通称直接购买租赁。

直接购买租赁可以采取两种方法。

①出租人选购租赁。即租赁机构根据租赁市场的实际情况，直接向设备生产厂商选择和购买，并组织提货入库，然后由承租人从租赁公司的设备库存中，选租自己所需要的技术设备。

②承租人选择租赁。租赁机构在购买设备时，自己不直接向生产厂商选购，而是由承租人根据自己的实际需要与生产厂商直接见面，选择自己所需要的设备，并由承租人与生产厂商谈判、签订购买合同，然后，持合同转让给出租人，由出租人出资购买承租人选定的设备，之后，再办理租赁手续。

(2) 返租赁（也称回租）

返租赁是指承租人将自制或外购的机器设备先按账面价格或重估价格

卖给租赁机构，然后再以租赁方式租回使用的一种租赁方式。

返租赁有利于改善企业经营管理，实现返租赁后，企业原有的固定资产很大一部分转化为流动资产，增加了企业自有流动资金。有利于弥补企业营运资金不足的状况，便于企业自我发展和自我改造，充分挖掘企业内部资金潜力。

(3) 转租赁

转租赁是出租人先作为承租人（第一承租人）向其他租赁机构（第一出租人）租入机器设备，再将该机器设备以出租人（第二出租人）的身份租赁给使用单位（第二承租人）使用的一种租赁方式。

转租赁业务一般适用于引进外来的资金或设备。比如，国内企业单位需要租用国外技术设备，于是先与国内租赁机构洽谈并签订合同，订明设备的种类、性能、生产国别，由国内租赁机构从国外租赁公司租入设备，然后再租给国内企业使用。很明显，这是引进外资，引进国外先进技术的一种方式。

(4) 代理租赁

代理租赁是租赁机构接受企业单位的委托，为他们的设备联系、宣传，寻找租用单位的一种租赁业务。代理租赁业务中租赁机构是作为中介人出现的。当租用单位确定之后，由租赁中介单位，委托单位和承租单位商洽租赁条件，并由三方共同签订租赁合同。

(5) 衡平租赁

衡平租赁是几家租赁机构联合起来，形成较大的资金规模，以购买大型资金密集型设备，提供给承租人使用的一种涉及几个当事人和若干个协议的非常复杂而又烦琐的租赁业务。

2. 租赁融资的意义与作用

租赁融资作为一种有效的企业融资手段，对企业扩大生产经营发挥了重要作用，越来越受到企业界的重视和利用。

(1) 为我国广大企业开辟了一条新的融资渠道

长期以来，我国的经济建设中片面强调外延性扩大再生产，把大量资金倾注于新建项目而忽视内涵扩大再生产，对原有企业的技术改造重视不够。结果，有的企业因设备不配套而无法投入正常生产；有的缺乏更新产品的能力；有的劳动强度难以降低，生产环境得不到改善等。

我国现有国有企业60～70万个，其中绝大部分存在设备陈旧、工艺落后、亟待进行更新改造的问题。企业可以依靠科技力量开展攻关，也可以买进专利技术、科技成果。但是，没有足够的资金支持，任何方式都收效甚微。企业一方面要进行技术改造，引进先进设备；另一方面又存在严重的资金短缺。这一矛盾，长期困扰了我国经济的发展。庞大的技术改造需求，单纯依靠国家的更新改造资金很难迅速解决问题；依赖于银行资金也不现实。银行贷款主要集中于企业的流动资金上，集中于数额小的短期信用上。企业自身利润留成则数额太小，杯水车薪，发挥不了作用。如果没有其他资金渠道，就会延缓企业技术改造的速度，拉大与世界先进企业的差距，因此，需要开辟新的融资渠道。租赁筹资的出现，成为解决资金供应不足的有效手段，企业无须为一次筹集大额资金购置设备而发愁，却可以一次取得所需要的生产设备，边生产边创利润，边付租金。

租赁融资不仅是以融物代替融资，同时这种资金融通又有期限较长的特点。因为一般设备贷款均要求在投产后3～5年内归还，而租赁则是在一个较长的期限内进行，租期一般高达10年以上，租金在较长时间内分期支付可大大减轻企业还款的压力，从这点上讲，租赁融资是优于银行贷款的融资渠道。

(2) 有利于调整企业的投资结构、生产结构，促进技术进步

企业利用租赁融资的过程，实质上是一个投资过程，即企业筹集资金进行固定资产投资的过程。这个过程有利于企业调整投资结构，进而调整生产结构，促进引进先进技术设备。我国的租赁项目，有许多列入国家和地方的计划之中，通过租赁引进的设备，提供有关的技术。同时，企业也要有针对性地选择先进的设备，租赁公司也要谨慎地选择企业，国家对租赁的项目也要进行一定的指导。这样多次选择，使得项目选的准确，技术起点高，经济实惠，能取得更好的经济效益。企业的投资结构的调整也从微观上影响了整个国民经济的调整，对于克服我国多年来基本建设战线过长、投资效果不佳等弊端具有积极作用。所以，开展租赁业务对于促进我

国产业结构合理化，保证资金真正用于技术进步，贯彻执行走内涵扩大再生产的道路的方针等方面，都发挥了积极的作用。

现代科学技术的发展日新月异，单靠企业自身的资金力量，谁也不能保证一直紧跟着设备更新的步伐。企业一直存在着设备的无形损耗加快、技术陈旧过时的风险。融资租赁恰恰弥补了这一不足，使企业在资金不足的情况下迅速引进先进的机器设备，使生产技术、设备性能不落后于时代的发展。

(3) 有利于企业节约资金使用，提高资金的利用率

对于企业来说，以购买方式取得机器设备一般是一次付清货款，由于财力有限，往往无法满足确定项目的资金要求，致使不少项目不得不推迟上马，乃至最终撤销。对外引进先进设备的，有些项目有了外汇额度，但如果得不到当年的用汇指标，或一时难以筹集到足额的配套人民币资金，仍然无法上马。通过租赁方式，不需动用或只需少量动用国家、地方、部门的现汇，企业不必一次投资，即可获得所需设备的使用权，以后用新创造的效益偿还租金。这就是企业“借鸡下蛋，以蛋还钱”，以明天的钱来还今天的债，既可以缓解企业资金不足的困难，也便于企业统筹安排资金运用，使有限的资金发挥出几倍于它的作用。

采用融资租赁方式取得设备，企业可根据生产、销售的具体情况，灵活地确定资金支付的次数，使资金均匀地分布于租期之内。这种安排，可以避免由于一次购买设备而使资金大量占用于固定资产上。企业资产结构中流动资金比重的增加，客观上加速了企业资金的周转速度，从而为企业利润的增长创造条件。租金的分期支付，使承租企业的资金流转产生出一定的时间效益，而资金使用的时机，有时比金额的大小更重要。特别是在技术加速发展的今天，租赁能获得使用价值的超前增值。企业只付出小部分代价，就可获得设备的全部使用价值，并投入生产，用新创造的价值归还租金，同时，使企业超前获利。

(4) 有利于促使企业注重经济效益

我国的国有企业由于历史原因，一般对经济效益都重视不足。过去，国家以拨款的形式，对企业进行投资，进行设备更新，企业不承担任何经

济责任。实行“拨改贷”以后，企业对提高经济效益的责任心有所增强，但是，无论是国家拨款还是贷款，实质上都是国家投资，风险主要还是由国家承担，投资的效果并不理想，投资回收周期长，甚至难以收回。企业采取租赁方式增加的设备，所有权属于出租方，而又必须按期支付租金，还要承担风险，对企业产生了较大的压力。因此，企业必须在租赁项目上马之前就认真地做好可行性研究，对设备的性能、技术水平、使用寿命以及价格进行评价，同时对产品质量、市场前景进行调查分析，以决定是否签约上马。项目投产后，企业为了保证履行租赁合同，按期交付租金，必须加强经济核算，不断降低产品成本，增加企业利润。由于在租赁期内，不管承租企业是否已使用设备，都要按期缴纳租金。因此，企业使用租来的设备和使用自己买来的设备情况是不一样的，它不会让租来的设备在仓库里睡大觉，不会让它闲置不用。设备一出现故障也会立即修复，提高了设备的使用率，能发挥出最大的使用价值，创造出更多的利润。

（5）使承租企业简化了固定资产管理工作

企业购买设备从设计订货、安装，到投产后的维修、监测等，直到报废处理，需做大量的、复杂的管理工作，而且还需经国家固定资产投资管理部门的审批，费时费力，有时坐失良机。而利用租赁，这些事务性的工作可由出租人办理，简化了手续，方便了承租企业。

（6）使企业获得纳税方面的优惠

租金是根据生产过程中设备损耗计算的，从而成为产品生产成本的一部分，与新创造的价值（即利润）不直接挂钩，故能使企业获得所得税优惠。世界各国都制定了对租赁企业的税收优惠政策。我国财政部也规定租金可以在成本中列支。同时，通过租赁进口的先进技术和机器设备，还可以免征关税。

租赁融资对企业的积极作用是肯定的。但是，同任何事物一样，我们也不能把它看成是十全十美。例如，对承租企业来说，因为设备的所有权属于出租人，企业如需对设备进行改造时，一般不能自行处理（征得出租人同意除外），也不能把设备作为抵押品到银行借款。承租企业对从国外引进的设备负有较大的汇率风险，因汇率变动而使租赁企业亏损，有时甚至严重影响原计划的效益实现和税金的支付。此外，由于租金要包括出租人的利润，而出租人也大都利用银行资金购置设备，所以承租企业支付的利息要比一般贷款的利息高一些。承租企业还可能遇到销路不佳而难以按期支付租金的问题，如果中途停止租赁，出租人就要承担找不到新承租人或找不到买主而使设备闲置无用的风险。在通货膨胀时，承租人租金负担相对减轻，但出租人相对吃亏。正是由于租赁筹资有利有弊，所以企业是否采取这一方式融通资金，要针对具体的市场、利率、技术等情况来确定，这一点我们留到后面作详细阐述。

二、租赁融资的具体操作透视

1. 租赁融资的条件范围与原则

凡独立核算的企、事业单位在生产经营活动中，为了提高产品质量、开发新产品，需采用先进技术和更新原有设备而资金不足时，符合条件的都可以向租赁部门申请办理融资性租赁。

（1）租赁融资的条件

凡企、事业单位在生产经营活动中，为采用先进技术、更新设备而资金不足时，都可向金融信托机构申请办理金融租赁。租赁的项目必须是确有经济效益，经批准纳入国家固定资产投资规模，并能按期支付租赁费。同时还必须遵守下列规定。

①租赁的设备由承租单位选定，在和供货单位商定价格后与金融信托部门签订租赁合同，金融信托部门与供货单位签订交易合同，并验收凭证承付设备价款。

②租赁期间，不论租赁设备是否使用，均按租赁合同的规定支付租赁费。

③企业申请设备租赁，凡单台设备原值超过 5 万元者，必须编制技术改造、设备更新计划，并按国家规定程序报经主管部门和有关部门批准。

④租赁合同一经签订，中途不得退约，租赁设备也不能转租、转让或抵押。

⑤凡设备在安装、调试期间发现质量问题，应由供贷单位解决。租赁期内设备的维修、保养，由承租单位自理，需要由供货单位维修、保养的可在交易合同中议定。

⑥承租期满后，根据合同条款处理设备。一般有三种处理方法：退还给租赁部门、续租、留购。采取何种方式，应在合同中规定下来。

（2）租赁融资的范围

随着租赁业务的发展，租赁的业务范围也越来越广泛。在西方，几乎任何一种资产都可以租赁，各种机器设备、运输工具、办公设备、电子计算机、耐用消费品，甚至整座工厂、仓库、核电站都成为租赁对象。

目前，我国的租赁范围也迅猛扩展，现简介如下。

①机器设备：各种机床、热处理装置、电动机、锅炉、建筑施工机械、起重机、食品机械、塑料机械、过滤装置、集成电路制造用机械、产业用机器人、印刷机、制版机、纤维机械、农业机械等。

②办公设备：电子计算机及其配套设备、终端、成套设备控制电子计算机、自动仓库管理控制装置、账票分类机、打字机、电话机、电话交换机、传真机、电传机、无线电通讯装置、复印机、教学设备、办公桌椅等。

③医疗设备：各种 X 射线装置、扫描仪、钴治疗装置、脑波计、心电图记录仪、血压计、超声波诊断装置、麻醉器、检诊台、手术台、显微镜、耳鼻科装置、牙科装置、配药装置、血液自动分析装置、激光治疗设备、早产婴儿哺育器、眼底照相机、眼科装置、救护车、病床等。

④交通运输工具：轿车、小型公共汽车、公共汽车、载货车、载重车、翻斗车、牵引车、升降式装卸车、客轮、货轮、油轮、喷气式飞机、直升机等。

⑤商业设备：商品陈列柜、冷冻陈列柜、冷藏库、冷冻库、包装机、自动售货机、厨房设备、高压设备等。

⑥厂房及仓库等其他物品。

(3) 租赁融资的原则

融资性租赁的原则主要包括以下几个方面。

①企业申请办理融资性租赁，凡单台设备原值超过5万元人民币者，必须编有技术改造、设备更新计划，按照国家规定的程序上报主管部门和有关部门批准。

②租赁的设备由承租单位选定，在和供货单位商定好各项条件后与租赁部门签订租赁合同，租赁部门与供货单位签订交易合同，并验收凭证承付设备货款。

③租赁设备的技术、质量等责任问题，由供货单位与承租单位交涉解决，保养、维修工作由承租单位负责。需要由供货单位维修和保养的可在交易合同中议定。

④租赁合同一经签订，中途不得退约，租赁设备也不能转租、转让或抵押。

⑤租赁期间，承租单位必须以出租人的名义对租赁设备进行投保。

⑥租赁期间，不论租赁设备是否使用，均应按租赁合同的规定交付租赁费。

⑦租赁期满后，根据租赁合同条款处理设备。一般有三种处理方式，我们在前面曾经提过，此处不再重复。

2. 租赁融资的具体操作程序

企业在经过理性的决策分析，决定采用租赁融资方式后，就必须面临如何高效地落实各项相关工作的问题，这就有必要了解融资性租赁业务的具体操作过程。融资性租赁业务的业务程序大致由以下几个步骤组成。

(1) 租赁设备的选择

企业根据自身生产经营需要确定所需设备后，即可着手进行设备的选择。一般来说，企业在时间允许的情况下，应广泛收集信息，尽量与生产厂家取得联系，征求科研部门的意见，参观已经引进同类设备的企业，进行综合分析，“货比三家”，选择一个信誉好、产品质量优良、售价低廉和售后服务周到的供货厂商作为引进设备的对象。如有国外厂商，还应要求外商提供详尽的设备资料或派人出国考察以进行比较。选定供货单位后，双方即进行技术洽谈和商务洽谈，其主要洽谈内容有设备的规格、型号、性能、技术要求、数量、价格、交货日期、质量保证及售后服务等。也可委托租赁部门代为物色和推荐供货单位或设备型号，再由承租企业认定。

（2）申请租赁

承租企业在选择好设备和供货厂商后，可向租赁部门提出租赁申请，说明所需承租设备的名称、规格、型号、供货厂商、交货日期等有关情况以及使用承租设备的预期经济效益、承租期限、支付租金的来源和打算等。租赁部门一般要求承租人提供必要的证明文件，这些文件主要是：承租人的营业执照、税务登记及有关的财务报表；如属固定资产投资项目，应提供国家有关部门批准，并纳入固定资产投资规模的证明文件；国家有关部门批准的可行性报告和批件；如属对外租赁，应提供外汇来源及配套人民币资金落实证明；如属国家限制进口项目，还需提供引进设备管理部门出具的其他必要文件。

（3）签订合同

融资性租赁业务必须签订两个密切联系的合同，一个是租赁合同，另一个是购货合同。购货合同的条款经承租单位确认后，由租赁部门与供货厂商签订。签订租赁合同是租赁程序的中心环节。承租人和租赁部门必须就租期、租金等具体事项进行磋商和谈判，如果双方意见达成一致，就可正式签订租赁合同，并送公证处予以公证。必要时，租赁部门可要求承租人提供租赁担保人。

（4）设备引进

为了减少租赁设备的往返运输，租赁设备一般由供应厂商直接向承租企业发货，但发票、运输单据等仍应送交出租人，出租人则按规定条件向供货厂商支付设备货款。设备交付承租单位后，供应厂商要提供相应的售后服务，如向用户供应易损零配件，派工程技术人员到承租企业安装、调试；有的还规定设备要正常运转一段时间后，再由承租单位验收，如系对外租赁，承租单位还应办理进口许可证，减免税及报关等手续。

(5) 设备保险

租赁设备的保险有两种做法：一种是由承租人直接向保险公司办理并支付保险费；另一种是由租赁部门对其租赁设备向保险公司申请办理，租赁部门代垫保险费，日后计入租金之内并从承租单位陆续收回。如发生保险范围内的事故损失，由双方共同向保险公司索赔，保险理赔费归租赁部门所有，用以抵偿承租人尚未交付的租金。

(6) 支付租金

租金由承租人依合同规定按月、按季或按年主动向出租人支付，或者由出租人委托银行从承租人账户中扣收，也可由承租人按合同规定的租金支付日期和金额，一次签发交付租金的承兑汇票送交出租人，以后由出租人于承兑汇票到期时通过银行主动划收。

(7) 租赁期满后的设备处理

租赁合同期满，按前已叙述的三种方式处理设备。至此，租赁合同终止，整个租赁业务全部结束。

3. 租赁融资需要理性分析

企业利用租赁融资仅仅是众多融资方式中的一种，但租赁融资是否比其他融资方式更好，或者说这种租赁方式比另一种租赁方式更好，这取决于必要的理性决策分析。企业添置设备时，通常并不是按照有钱就买、无钱就借、借不到就租的程序来做出决定，而是要综合考虑各种因素，如融资的数量、质量、成本高低、企业财务状况、资产结构等，完全视具体情况而定。仅仅就一个条件或一个标准来决定方案取舍是不科学的，所以正确的企业租赁融资决策是必要的。

(1) 要考虑企业租赁融资决策成功需具备的条件

企业租赁融资决策，实质上要解决三个问题，一是企业采用哪种投资最为有效；二是如何筹集资金；三是哪种租赁方式最好。所以说租赁融资决策并不单纯是融资决策，还是一种投资决策，是这两者的混合体。

租赁融资决策关系到企业的长期发展，决不能草率从事。决策能否成功，取决于是否具备了必要条件。

①适合企业的需要。企业进行各项筹资活动出于不同的目的。因此应该按照自己的需要进行选择。如果紧缺的只是资金，可以寻求银行贷款；如果苦于一时缺少外汇，而且对于外贸、外经不通晓，可以找中国银行。企业只有分析自己的现状，有的放矢，才能做出正确的决策。

②周密的技术可行性研究。租赁决策的主要任务，是对各种备选方案的经济效益进行比较分析，即进行项目的可行性分析。分析的要点为：产品是否有销路，是否有竞争能力；原料、动力的供应状况；工程用地是否能顺利解决；环保标准与条件；企业领导班子及职工技术素质情况；租赁机构的积极配合。

租赁决策不单纯是承租企业的事，同时与出租人也有很大的利害关系。决策不利，企业生产效益差，交不上租金，出租人收不回投资，设备闲置，双方都受损失。因此租赁双方必须密切配合，互相帮助，才能事半功倍。

（2）租赁融资决策需考虑的问题

①租金。在企业财务管理中，维持资金供求平衡相当重要。由于存在存借款的利差，所以资金供过于求势必增加不必要的利息负担。相反，资金缺乏，则可能失去有利可图的投资机会，甚至不能从事正常经营。因此，财务管理人员应合理安排各期现金流入和流出，使资金供应持续保持平衡。在进行租赁决策时，一定要利用租金支付多样化的特点，根据本单位的财务状况选择租金支付办法，即何时支付多少租金。

租金的流出有两个难以明确的问题，一是设备投资较难确定，尤其是租期与设计使用年限相差很远的时候；二是租金中的设备成本、利息、手续费、保险费等诸多因素，存在着时间上的先后差距。所以在租赁决策时，只宜将租金支付时间作为现金流出时间，而不必苦心去强求设备投资数。相应地，对于借款购买方案，也应以还本付息的时间和金额为准。

②投产日期。早投产、早获利，争抢市场，尽快取得时间价值，是企业最希望的。因此在分析时，应将各种交易方式的成交速度、各种方案下投产时间的先后，以及由此造成的现金流出与流入的时间与金额上的差异揭示出来，以利评价。

③维修费。专业租赁公司拥有大量出租设备，并配备一定的维修能力，可以为众多的用户服务，能够取得规模经济的效果，比企业专门配备人员、备足零配件要合算。因此，在分析时，应考虑购入设备的维修自行进行，开支多少，租入设备自行维修开支多少，租入设备请人维修开支多少等问题。

④软件费用。有些设备投入运行，还需要取得必要的技术软件，在分析各方案时，应注意技术软件是否同设备合在一起，是购买软件，还是自行研究开发软件，各种方式下取得软件的时间先后与代价大小等。

⑤保险费。承租企业不仅要直接或间接地承担设备运输保险，而且还要支付设备使用中的各种财产保险费。不同的租赁方法，保险费的支付人不同。如经营性租赁，保险费通常由出租人支付；在融资性租赁中，保险费可以由出租人支付，也可以由承租人支付。由承租人支付的保险费不能列入租金总额中，因此除了分析保险费的高低外，还要分析由谁来支付保险费，以及不同支付对现金流出的影响。

⑥担保费。有时租赁公司要求承租人提供经济担保，而担保人要向承租企业收取一定的担保费。当租赁资产价值较大时，担保费也很可观。

有时出租人要求承租人交纳设备成本1% ~2%的保证金来弥补承租人违约所造成的损失。保证金有时作为最后一期租金，有时租期满后退还。

⑦手续费。手续费的交纳有两种方式，一是单独地由承租人交给出租人；二是合并在租金里一齐缴纳。

在做出租赁决策时，项目的经济效益究竟应该算到什么时候为止，或者说怎样确定现金流转期限，这是决策的基本问题。

现金流转期限通常由租期长短和租赁期满后的设备处理方法这两个因素来确定。

①如果租约中规定期满后承租人按名义价格续租或留购，或者以无偿形式获得设备，一般意味着出租人在租期内将收回全部或绝大部分投资。因此可以断定，承租人在期满后只有获得设备的所有权，才会有利，这种情况下，现金流转期限可以按设备的经济寿命来确定。

②如果租约中规定期满后承租人按正常租金续租或按正常价格留购，则表明期满后不会转移所有权，这时应以企业对此设备的需要期来确定现

金流转期限。

(3) 租赁决策的理性分析

现代租赁作为一种新的投资方式，在做出决策时，必须与其他投资方式进行成本效益的比较分析，以做出最优决策。

租赁与购买设备方式的不同之处在于：租赁投资是分期逐次支付，而购买设备则是一次性投资支出。在企业进行具体评价分析时，通常采取成本比较法、净现值法和内部收益率法三种方式。

①成本比较法。成本的高低是企业盈利大小的决定因素，也是决策租赁与购买投资方式的界限之一。当项目确定之后，到底采用哪种投资方式，这就要看成本高低大小，看哪一种对企业更有利。

②净现值法。以净现值作为比较的标准来确定投资方案。如果净现值为正值，说明租赁项目所得到的报酬率低于贴现率，则租赁投资不可取，宜采用购买投资方式；反之则用租赁。

③内部收益率法。上述净现值法已知报酬率大于贴现率，但不能具体知道报酬率是多少，也就是比贴现率高多少。这时可采用内部收益率法计算。

计算内部收益率，关键是要先估算一个贴现率，将未来各年净现金流量统一折算为现值，相加结果为正数，说明该租赁项目达到的内部收益率比所用贴现率小。通过逐次测试，可根据由正到负两个相邻的贴现率，用插入法计算其内部收益率。

(2) 租赁融资方案的分析选择

租赁融资方案的选择，是指企业已经决定采取租赁方式投资，但是为了寻求一个最佳的租赁形式，而对不同的租赁方案进行分析比较，最终做出选择。

租赁成本现值比较法，是对几种不同的租赁方案的成本，分别用贴现的方法将其换算成现在同一时期的资金，然后再对几种不同的租赁成本现值进行比较，哪一种成本现值最小，即是最佳方案。

(3) 承租企业对租赁公司的分析选择

租赁项目能否成功，与租赁公司本身素质也有很大关系。承租企业选择一个好的租赁公司，一是可以降低租赁成本，二是可以减轻利息支付。有的租赁公司，信誉好，经验丰富，经常办理该业务，了解实情，可以为企业引进价格较低的设备，并争取良好的技术服务。有的租赁公司由于资金实力雄厚，可以取得较低利息的贷款，因而对承租企业收取的利息也较低。另外，不同的租赁公司，其租金的构成与计算方式、收费标准不一，也会加重或减轻承租人的负担。

对租赁公司的分析选择，主要着力于以下几个方面。

①租赁公司的信用度。作为金融企业，租赁公司都取得了一个与其本身情况相适应的信用等级，就像把企业分为几个等级一样，这个等级称为信用度。信用度是对租赁公司过去经营态度和经营水平的社会评价，较为准确地反映了它的经营业绩。信用的高低，反映在租赁上，就涉及效率的快慢，技术服务状况，违约风险大小等内容，这些都直接与承租企业的利益有关，因此，必须选择一个信用度较高的租赁公司来办理租赁业务。

②租赁公司经办人员的经验与技术水平。公司具体经办人员的个人经验与技术水平对企业也很重要。应选择经验丰富，合同制定的质量高，没有较大的漏洞，在安排设备的选择、运输、投保、交货验收等事务上熟练的经办人员，以防止出现业务的失误，减少费用支出。

③租赁公司的经济实力。实力雄厚的租赁公司，多以一个或几个金融机构为依托，容易取得较低利息的贷款，能争取得到较多的税收优惠，因此其租赁成本也较低。这些公司，本着薄利多租的原则开展业务，其本身的资金实力也很雄厚，拥有足够的设备出租，签约以后，其违约风险也较小。

④租赁费用的收费标准与方法。不同的租赁公司所确定的收费标准与方法不一样。因此，企业应首先对此一一了解。比如，缴纳租金的次数与每次的金额，运输费、投保费由谁承付，手续费是一次付清，还是摊入租金中等等。这些因素都对企业总的租赁成本有影响。另外下面几个方面也须考虑：租赁保证金的收取比例与交付时间；租赁期满后，设备残值以什么形式或什么价格收取；手续费的计算比例等。有的公司按设备价款的比例收，有的按总的概算成本收，有的单独收取，有的摊入租金。承租企业应仔细地、逐次地对租赁公司的收费标准及方法进行比较分析，如果计算方法太复杂，难以掌握，可以向有关信息咨询服务公司进行咨询。

商业信用融资：融集短期资金的有效方式

在社会主义市场经济条件下，企业是相对独立的商品生产者，企业本身是权、责、利统一体，在进行商品购销活动中各个企业之间发生着广泛的经济联系。商业信用就是企业进行各种经济联系以及用来保护本身权益的必要的经济杠杆之一。

一、商业信用融资：企业融集短期资金的好方式

许许多多分散的相对独立的企业之间，在极其复杂的购销活动过程中，发生着多种多样的密切的经济联系。企业在充分利用市场机制过程中，商业信用就成为可供运用的灵活方便的经济杠杆之一，它绝不是间接银行信用所能完全代替得了的。因此，企业商业信用融资，就成为企业金融活动的重要方式。

1. 商业信用的必要

(1) 某些产品的特点需要有商业信用

有些生产，例如房屋建筑、大轮船的建造等，产品生产周期长，如果生产企业全部承担资金，所垫付的资金金额会很大，占用时间会很长，周转也十分缓慢。而且，由于生产周期长，市场供求、价格等均可能发生变化，使企业承担很大风险。因此，生产企业往往要求订货企业分担风险和经济责任，按建造进度，分阶段验收预付货款。另外有些产品则具有专门的特殊用途，需要量少，专业性强，为有利于生产安排和满足订货单位需要，双方协商同意收取定金，以保证双方利益。还有一些商品，如水、电，以及运输等产品销售和劳务服务，既是生产过程，同时又是提供消费的过程，生产（服务）企业为避免不必要的损失，提出预收货款（费用），按实际消费结算的要求，也是合理的。在上述这些生产和流通过程发生的商业信用，是直接用于维护购销双方利益的，因而是可行的经济工具之一。

(2) 某些商品生产的销售形式需要有商业信用

例如，为了掌握某些重要原材料、物资，如粮食、棉花、甘蔗等，采取预购方式；某些新产品，在尚未被消费者了解之前，销售企业不愿贸然进货，采取由生产企业委托试销，先销后付方式提供商品给代销店，以扩大业务；一些耐用消费品如住房、电冰箱、电视机等，采取分期付款销

售；由于市场供求变化，对一些生产过剩或积压产品的推销处理，采取寄库代销的赊销方式，有利于产品推销等。在商品流通环节上，适当地采取商业信用，对搞活经济、加速流通、维护企业之间各自权益，都会起到积极作用。

(3) 为巩固经济合同，建立正常的经济秩序，需要商业信用

随着企业自主权的扩大，会出现更多的经济联系和购销形式，如加工订货、来料加工、补偿贸易等业务都会有所发展。为维护合同纪律，严肃经济法律责任，使相互发生业务联系的双方承担必要的经济责任，经协商同意收取定金、押金也是习惯使用的手段之一。在这里商业信用成为维护企业信誉的补充措施。

(4) 商业信用有利于保护竞争，促进联合

如某些加工企业与原材料、零配件生产企业之间，根据各自的有利条件和潜力，用商业信用形式互相提供基地建设的设备、物资、技术、资金等需要，以及用产品补偿，进行经济上的合作、联营，有利于发挥各自的生产优势。这种相向或相连的再生产过程，给企业提供了更为密切的经济联系，它使企业获得固定的原材料、零配件的供应和销货市场，从而有利于促进企业联合，增强竞争能力。

2. 商业信用融资的桥梁：商业票据

商业信用的工具是商业票据。在商品交易中，如果双方达成赊销的协议，销货者同意以信用方式出售商品，但为了保证自己债权的安全，往往要掌握一种书面的债务凭证，这种债务凭证上要记明债务人有按期无条件支付一定金额的义务。这种书面的债务凭证，就是商业票据。商业票据经确定，原来的商品赊销关系就转化为票据的权利、义务关系，也就是商品交易关系已经转变成为债权债务关系，任何一方对原来的商品交易提出的争议，都不妨碍票据的到期无条件支付。

商业票据的期限，一般是1~6个月，最长不能超过9个月，在票据到期以前，持票人可以背书转让或向银行申请贴现，体现出方便灵活的优点，有利于商品交易，在国内外商品交易中深受欢迎。

商业票据分为期票和汇票两种。期票也称商业本票，是债务人向债权人发出的，在一定时期内支付款项的债务证明书。其付款方式有：到期即付款；定日付款；见票后定期付款。期票在到期前，只要经过债权人（或收款人、票据持有人）在票据背面签署转让证明（即背书），就可以作为购买手段或支付手段，用于购买商品或支付债务。

商业汇票，是指由债权人或债务人签发，由承兑人承兑，并于到期日向债权人或被背书人支付款项的一种票据。商业汇票有三个关系人，即债权人、债务人、承兑人。商业汇票按承兑人不同，可以划分为商业承兑汇票和银行承兑汇票。

商业承兑汇票，是指由收款人开出，经付款人承兑，或由付款人开出并承兑的汇票。例如，在国内或国际赊销贸易中，如协议规定使用商业承兑汇票，在货物装运时，由卖方签发定期汇票一张，令买方到期如数支付货款，经买方签字盖章承兑后，将原票退给卖方收执。这样卖方就成为发票人与收款人，买方就成为承兑人与付款人。

银行承兑汇票，是指由收款人或承兑申请人开出，并由承兑申请人向开户银行申请，经银行审查同意承兑的汇票。例如，在赊销贸易中，若协议规定使用银行承兑汇票，在货物装运时，卖方开出汇票后，由买方向开户银行申请承兑，银行应其顾客要求，在汇票上签证，承认本行为付款人，这就是银行承兑汇票。银行承兑汇票到期前，承兑申请人必须将票款足额交存银行，以备支付。银行对票据到期承担无条件支付的责任。所以银行承兑汇票，有利于提高商业汇票的信誉。

商业票据的出现，使商业信用得以票据化、规范化。应用商业票据使商品交易双方的债权债务关系用凭证形式确定下来；使收款方到期收回贷款有了保证。商业信用取得票据后，标志着商品交易变成了债权债务关系，不可能再回到商品交易纠纷上。适当扩大商业信用的范围，实行商业信用票据化，并实行银行承兑、办理票据贴现、抵押业务，可以引导商业信用纳入银行信用的轨道，加强对商业信用的疏导和管理，解决企业间商品赊销的拖欠问题。同时，银行利用票据贴现形式进行放款，不仅把资金运动与物资运动（即企业的购销活动）结合起来，而且也为银行业务交叉，打破信贷资金供给制开辟了一条新的渠道。因此，大力推行商业信用票据化，也是理顺企业间关系的一条有效途径。

由于商业票据是商业信用的工具，因此它的使用只限于国家允许开放的商业信用范围内。签发商业票据必须以合法的商品交易为基础，禁止签发无商品交易的票据，这是签发商业票据的基本原则。因为由合法的、真实的商品交易产生的商业票据，有相应的商品价值做后盾，票据到期就以商品实现的价值来偿付，这种票据信用可靠，有利于维护结算纪律，有利于经济发展。如果没有合法的商品交易作基础，买空卖空，缺少物资保证，只会盲目扩大信用。而且，由此产生的票据缺乏支付力，到期后付款人很难付款。在汇票允许背书转让的情况下，签发无商品交易的汇票，很容易引起债权债务关系的连锁反应。若将汇票拿到银行贴现，则会套取银行信用，导致信用膨胀。

二、商业信用融资的优点与缺点

1. 商业信用融资的优点

商业信用融资之所以为广大企业青睐，是因为它具有很大的优点。

商业信用筹资最大的优越性在于非常方便，容易取得。商业信用是一种“自然性筹资”，伴随商品交易产生，无须另外办理正式筹资手续。

商业信用融资的成本相对较低。如果没有现金折扣，或者企业不放弃现金折扣，以及使用不带息应付票据，则企业采用商业信用筹资不发生实际成本。

商业信用融资的限制条件较少。与其他筹资形式相比，商业信用融资限制条件较少，选择余地较大，条件比较优越。在其他短期融资中（如银行借款），资金的出借者会对企业施加若干限制，而商业信用则很少有这种限制。买方企业不必签发期票、提供担保品或严格按照信用期限支付货款。

2. 商业信用融资的缺点

当然，商业信用融资也有缺点，在实际运作中应谨慎行事。

一是期限较短。商业信用的时间一般较短，如果企业取得现金折扣，则信用时间会更短。若放弃现金折扣，则一般须付出非常高的成本。若到期不支付货款，长时间拖欠，则会影响企业的信誉，不利于企业今后的购货和筹资。

二是成本较高。如果企业放弃现金折扣，必须付出非常高的资金成本。因此，企业必须把商业信用这样一个可自主斟酌使用的资金来源所能得到的收益，同它放弃现金折扣的机会成本，与展延账款支付可能造成的信用恶化的机会成本进行权衡。许多企业为了能取得现金折扣，有时会利用其他的短期资金来源，然而应用其他短期筹资方式所节省的成本必须能够补偿商业信用的机动性和便利性。

三是商业信用的金额受到一定限制。由于商业信用是在各个生产企业或流通企业之间进行的，而各企业所能提供的商业信用只能在它们本身所能支配的资金总额范围内进行，不能在它们现有资金总额以外，再获得新的补充资金。所以，全社会商业信用的最高界限也就是各个生产企业和流通企业现有资金的总额。而且从个别企业看，以延期付款方式出售的商品，并非是它所有的商品，只能是它当时暂不用于参加下一个再生产过程的那一部分。

四是商业信用有严格的方向性。由于商业信用的需求者是商品的购买者，这就决定了商业信用不仅局限于只能在企业之间进行，而且只能向需要购进商品的那一家企业提供信用。例如，纺织行业内提供的商业信用，必须按下列顺序提供：棉花商→纺织厂→织布厂→印染厂→服装加工厂。

五是商业信用的信用能力有局限性。商业信用的借贷行为要想成立，提供商品赊销的人必须比较确切地了解需求者的支付能力。只有商品赊销者相信购买者能如期如数归还贷款，他才会向需求者提供赊销。因此，相互不了解信用能力的企业间很难发生商业信用。

三、商业信用融资操作实务

1. 向商品购买者预收货款

向商品购买者预收货款，是指生产企业在生产产品之前向商品购买者预收一定数量的货款，它也是企业筹集资金的一种方式。一般来说，预收货款适用于生产紧俏商品或专业性很强的大宗商品的企业。预收货款在我国有其存在的客观基础。从消费者方面来看，这几年我国经济的快速发展和国民收入分配向个人倾斜使得居民积蓄大幅度上升。人们一旦发现有自己喜爱的产品问世和出现，就会去购买，因为他们需要物美价廉的商品来改善生活。在这种形势下，对一些供不应求的商品，如果生产企业能够保证在一定时间内，保质保量地向消费者供应，并在价格上给予相当于存款利息的优惠，则广大消费者就会很乐于将存款取出来，作为购买商品的预付款项，预先支付给企业，从而使社会闲置资金投入生产。从生产企业来看，企业为了取得紧缺原材料以及设备的供应，有时也愿意向供货企业预付一定的购货款项。预收货款对于周转资金不足，或要进行扩大再生产而又没有足够资金的企业来说，一方面解决了资金紧张的矛盾；另一方面也作为定金以保证合同的履行。预收货款有的须付利息，有的不须付利息，付利率的高低也有所不同，依供销双方协商而定，并将其作为合同的一项内容载明于购销合同中。一般来说，在合同履行期间，预付货款的一方如不履行合同，无权要求退回预付款；预收货款的一方如不履行合同，应当双倍退回预收的货款。预收货款要开具证明，作为收款凭证。

2. 赊购商品

企业在资金不足，而又急需劳动对象和劳动工具时，可以采取赊购的方式，获得需要的商品。企业在赊购商品时，先从卖方手中获得商品，并不向卖方支付现款，而是在一定的期限内付清货款，即货款的延期支付。在这个过程中，由于从赊购商品到支付货款，有一段或长或短的时间间隔，所以对赊购商品的企业来讲，实际等于获得了一笔贷款，只是这笔贷款不是从银行获得，而是从出卖商品的企业那里获得的。

赊销商品是商业信用的一种形式，又可称为未清账信用。这种信用通常是在卖方对买方的信用可靠程度作了充分调查了解之后才提供的。卖方在提供信用后的唯一证据，只是购买者的购货订单，一份表示货已交运的发票和一笔登记应收款分户账的记录。如果在赊购商品时卖方为了安全，可以要求买方开具一张证明买方必须在某一时期内付款的票据；也可以由卖方自己开具，买方承诺。这种票据就是商业票据。商业票据可以转让与抵押，也可以贴现，这样卖方就不必担心因提供信用而发生的资金短缺。

企业可以利用赊购方式获得急需的商品，在一定时期解决了资金不足的问题。企业在赊购商品时，必须考虑赊购成本的高低。因为赊购商品的金额是按照商品的销售价格来支付的。表面上看，是债务人“无偿”占用了债权人的资金，实际上，提供信用的企业已经把这笔款项的利息加到价格中去，利息已随价格转嫁给购贷方了。有些企业在赊购商品时，规定了现金折扣的办法，即购货方若在货款到期前提前付款，可以按发票金额享受一定优惠（折扣）。购贷方若能提前归还货款，就可以减少一笔支出；若不能提前归还，则只能放弃优惠价格，而多支付款项。但是企业有时为了筹资，常常延长对货款的占用，利用这笔款项进行生产周转，以带来更大的利润。是放弃优惠价格，利用这笔赊购款，还是提前归还货款，获得优惠价格，要具体问题具体分析，看怎样做更有利于企业的利益，有利于企业既能降低成本，又能筹集到足够的生产资金。

有时，企业由于缺乏还款能力，可能不仅要放弃折扣，而且货款到期日也不能归还，形成拖欠现象。这种拖欠明显地招致两种成本，即放弃现金折扣的成本，和听任它的商业信誉降低的内在成本。商业信誉的降低，使得其他供应企业不愿再向这种企业提供商品或信用，从而使企业发展受到了限制。

3. 票据贴现

所谓票据贴现，是指票据持有人将未到期的票据转让给银行，并向银行贴付相应利息的一种融资行为。

根据票据关系人不同，票据可分为汇票、本票和支票。其中汇票是发票人签发，由付款人按约定的付款期限，向指定的收款人或执票人无条件支付一定金额的票据。汇票又包括商业汇票和银行汇票。银行票据贴现的对象主要是商业汇票。

所谓商业汇票，是由收款人或付款人签发，承兑人承兑并到期无条件付款的一种票据。商业汇票是银行办理贴现业务的依据，向银行申请贴现的汇票必须经过承兑。所谓承兑，就是汇票的付款人或承兑人对汇票金额承诺按期支付。付款人或承兑人一经承兑就负有无条件付款的责任。经过承兑的汇票，称之为承兑汇票。承兑汇票有商业承兑汇票与银行承兑汇票两种。前者是指由付款人承兑的汇票；后者则是指由付款人的委托银行做出承兑的汇票。在同城商品交易中，商品购销双方及其委托银行同处一地，易于相互了解和征信，因此多使用商业承兑汇票。而在异地商品交易中，商品购销双方对相互信用难于了解或了解不多，征信困难，因此，交易中多用银行承兑汇票。

在我国，商业承兑汇票必须使用银行印制的票据用纸，由发票人根据票面印制的格式予以填写。

银行承兑汇票是由收款人或承兑申请人签发，并由承兑申请人向开户银行申请，经银行承兑的票据。

收款人或承兑申请人签发银行承兑汇票后，承兑申请人应持汇票和购销合同向其开户银行申请承兑。银行按照有关规定审查承兑申请后，符合承兑条件的，与承兑申请人签订承兑协议，承兑协议是承兑银行承担承兑责任的基础。签订承兑协议后，应依承兑规则对银行承兑汇票进行承兑，即承兑银行在汇票上加盖印章、压印汇票金额、收取承兑费用，最后交付汇票。

票据贴现的申请由收款人做出。当收款人需要资金时，可持已承兑汇票来银行申请贴现。申请贴现时，申请人应在汇票的贴现背书栏内填具申请贴现金额、申请银行名称、申请日期，同时根据汇票填制贴现凭证，连同汇票一并送交银行信贷部门审查。

贴现票据到期，贴现银行应根据不同情况进行不同处理。如贴现票据为商业承兑汇票，贴现银行作为持票人，在票据到期时即应凭票收取票款。收款的方法是，属于同城票据交换范围的应收票据，应通过同城票据交换向承兑人收取票款；属于异地的应收票据，应采用委托收款结算办法，并匡算邮程，提前委托异地的承兑人开户银行向承兑人收取票款。贴现票据如遭承兑人拒付，执票人即贴现银行，应按照《银行结算办法》以及其他票据法规的有关追索权的规定，对贴现人行使追索权。

如贴现票据为银行承兑汇票，贴现银行应凭票以银行内部划付的方式，在同城票据交换范围内，通过票据交换向承兑银行收取票款；属异地应收票据，通过银行联行结算向承兑银行收取票款。承兑银行亦应同时凭票按照银行与承兑申请人达成的承兑协议，向承兑申请人收回票款。

基金融资：方兴未艾的融资新方式

从美国、日本等发达国家的发展经验来看，基金在其现代化过程中都起过巨大作用，在利用外资参与其国内大型工业项目和吸引国内中小投资者进入投资领域，都有着不俗的表现，发展中国家的经验也同样说明了基金是融资的一个重要手段。

随着我国资本市场的进一步发展，国内基金业务这种融资方式也得到了迅猛发展。目前国内共同基金主要投资于证券、房地产，在实物投资方面也做了一些探索。相信在不久的将来，基金会成为我国广大中小投资者参与大型项目融资的一条重要渠道。

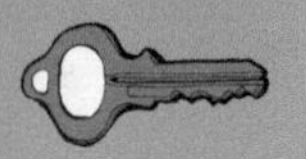

一、基金：融资市场的新宠儿

基金作为一种融资方式已盛行于全球。

基金专业化管理，分散投资的特色深受各国投资者的欢迎，在短短几十年内，这种投资方式就扩散到世界各地。其他国家和地区组建投资基金基本上是效仿英国与美国，特别是效仿美国制定法律。

20世纪60年代开始，很多发展中国家和地区，特别是有一定证券市场发展基础的亚洲发展中国家和地区纷纷效仿欧美，积极推进本国投资基金事业的建立和发展。

1. 基金的含义与分类

所谓基金，是指通过专门的经营机构将众多投资者的资金汇集起来，由专业投资人集中进行投资管理，投资者按其投资比例享受投资收益的一种金融工具。关于共同基金的称谓各国不尽相同：美国称共同基金为“互惠基金”；英国及中国香港地区称其为“单位信托基金”（Unit Trust）；日本和中国台湾地区称其为“证券投资信托基金”。基金融资是指企业向基金的专门经营机构获取资金，或企业自身就作为基金的发起机构而筹集分散的资金的一种融资方式。

当今世界，基金种类繁多，分类标志也各不相同，其中以组织形式和变现方式为分类的基本标志。

（1）契约型基金和公司型基金

根据组织形式不同，投资基金可分为契约型和公司型。

契约型基金是基于一定的信托契约原理而组织起来的代理投资行为。由基金的管理公司、保管机构和投资人三方订立信托契约，作为管理公司运用信托资产投资，保管机构保管监督信托资产，以及投资人享受投资成果的依据。日本、韩国的投资基金大多属契约型基金。

公司型投资基金是指依据公司法组成，以盈利为目的，投资于有价证券的投资公司，投资基金本身即为投资公司。该公司发行股份，一般投资者购买公司股份而成为股东，享受因公司投资证券而获得的投资收益。

契约型基金和公司型基金的对比见表 5－1。

表 5－1 契约型基金和公司型基金对比表

基金类型	对信托财产的法人资格	信托财产的运用依据	依据的主要法律	发行的证券	投资人地位
契约型	无	信托契约	《信托法》	凭证	受益者
公司型	有	公司章程	《公司法》	股票	所有者

以上区别可以看出两者各有优点。

公司型的优点在于：

- 具有永久性；
- 具有存续性；
- 不面临解散的压力；
- 经营较稳定。

而契约型的优点在于：

①基金存续期限可事先决定；

②基金无法人资格，可免盈利事业所得税；

③基金的设立、投资政策、解散、追加发行或购回等也可免依公司法规定办事；

④可因不同的投资偏好募集设立不同投资政策的基金；

⑤受益人如一般公司股东，对基金所负之责任以出资为限。

（2）开放型基金与封闭型基金

根据基金券（股票或受益凭证）变现方式不同，投资基金可分为开放型和封闭型。

开放型基金发行在外的股份或受益凭证总数是不固定的，可根据经营扩张的需要追加发行。而在发行期满一定时间后，投资者可以根据市场状况和自己的投资决策，请求发行机构赎回其持有的股份或受益凭证，也可以扩大对该公司的股份持有比例。

封闭型基金指基金的发行总额有限制，一旦初次发行达到了预定的发行计划，就必须封闭起来，不再追加发行，故发行在外的股份或受益凭证数量是固定的。投资人不得向发行机构申请赎回其持有的股份或受益凭证，但是可以将股票拿到证券交易所或其他公司市场上转让。其价格随行就市，并不固定，主要取决于资产净值、市场供求、股票指数、封闭期长短、有关政策等。

开放型基金与封闭型基金对比见表5－2。

表5－2　开放型基金与封闭型基金对比表

基金类型	发行是否封顶	变现方式	变现价格的决定	投资目标	投资方式
开放型	否	赎回	基金净资产值＋手续费	于开放的、规模大的金融市场；长线投资	需从所筹资金中抽取一定比例以现金存放
封闭型	是	买卖、转让	依市场供需情况	于封闭的、规模较小的金融市场；短线投机	可把基金财产全部用来投资

(3) 国内基金和国外基金

①国内基金：基金筹资地、投资对象均在国内。

②国外基金：包括国家（地区）基金和海外基金。国家（地区）基金面向外国（地区）的投资者销售基金证券，筹集资金后以国内为投资对象；海外基金面向国外投资者销售，筹集资金后投资于国外。

(4) 其他分类方式

①根据投资基金的投资标的不同，可分为：

A. 债券基金：以投资于公司债券、政府债券、国库券为主的基金，注重债息的稳定收入；

B. 货币基金：以不同国家（地区）货币为投资对象，通过各国（地区）货币的升贬转换获益；

C. 股票基金：投资于各种股票，并以此作选择权交易。获利来自于股利、出售选择权的收入等；

D. 贵金属基金：为避免货币贬值风险，购买贵金属开采公司的股票；

E. 产业基金：以某一产业为投资对象的基金；

F. 指数基金：参考市场指数所包含的股票或债券而做成的投资组合，并随着市场变动而改变其投资组合。

②根据投资基金风险利得不同，可分为：

A. 成长型基金：以追求长期股价差额为主，股利分配仅占投资收益的一小部分，投资对象多为股份长期稳定增值的大型绩优公司；

B. 积极成长型基金：投资收益主要来自股价差额，以高风险追求报酬率；

C. 成长收益型基金：对追求股价差额和股利收入同等重视，多数资金投入配息较多而增长展望尚佳的上市公司；

D. 平衡基金：通常会限定债券持有的比例以获得定期利息收入，其余部分投资于股票以追求股价差额；

E. 定期收益基金：投资组合以股息优厚的股票，资信优良的公司债券为主要投资标的。

2. 基金的巨大优越性

从前面我们介绍各种类型的基金来看，基金的组成及运行机制都是建立在投资人与管理人的基础上，其主体结构的核心是投资人、基金管理人和基金托管人。

基金管理人即基金经理公司，一般是基金的发起人或创设者，是基金契约中的委托人。它对投资人提供基金买卖服务及有关资信，寄送年（季）报等，并将筹集到的基金资产交基金托管人保管，而本身只负责基金的投资营运操作和管理，向基金托管人下达投资买卖的指令，本身并不实际经手基金的资产。基金托管人是银行、信托公司或其他金融机构，它作为受托人，接受受托人的委托和指示，保管基金的资产，交割基金投资的证券买卖，核算基金每日净资产价值等。

这种运行机制的好处有以下两点。

①基金的管理与托管分开，基金管理人与基金托管人可以互相监督。

②基金本身的财务独立，利润归投资人，基金管理人在基金托管人的基金账户是另立的独立账户，既不与基金管理人的财务混淆，也不属基金托管人资产。即使基金管理人或基金托管人因经营不善而倒闭，债权人也不能得到基金的资产，从而保障了投资人的资产安全。

此外，基金的优越性还体现在以下方面。

(1) 分散投资，降低风险

投资基金把从投资者手中筹集的资金，投资于各行各业有代表性的典型证券和具有分散风险特征的有价证券，突破了单个投资者资金的局限性，因而比个人投资者自行投资要安全和准确，使投资者所拥有的股份具有分散风险的特性。

(2) 专家管理

投资基金拥有大量专家和经验丰富的证券从业人员，并且具有先进的研究手段。投资者仅以较低的费用即可享受到专业化的投资管理服务，最大限度地避免了个人投资的盲目性。

(3) 聚少成多

利用投资基金，投资者即使只有小额资金，也可进行投资。投资资金的最基本性质就是汇聚投资者手中的零散资金，形成庞大的资金总额，投资于数十种甚至数百种证券，进行有效的资产组合，取得投资收益。

(4) 为投资者提供多种服务

投资基金能够根据个人投资者的需要来提供一系列服务，如提供确定股份的分期付款购买（定期购买）、股息的自动再投资、股份的定期收回（清偿）以及投资过程中的咨询服务等。此外，投资基金还设立专门机构，负责协调处理证券投资过程中因证券买卖而发生的所有权纠纷等与之有关的事宜。如果纠纷涉及其他机构、单位或个人，则由基金出面以机构中介人的身份，代表投资者与纠纷当事方进行交涉，为投资者提供一定的利益保证。

正因为投资基金具有多方面的优越性，所以它往往能为投资者带来丰厚的投资利润。

也正是因为投资基金为投资者提供多种便利，保障投资的安全性，带来优厚的投资收益，因而投资基金盛行于各国证券市场，发展极快。尤其是在美国，投资基金已成为最普遍的、最受公众欢迎的投资形式。目前，美国拥有16 000多只投资基金，经营基金的金融机构有3 000多家，基金净资产已达20 000亿美元，相当于银行储蓄存款的85%。

正因为基金本身的优越性和广大投资者的青睐，使得基金作为一种融资方式，具有十分广阔的前景。企业利用基金来融资也是十分切实可行的。

3. 基金参与融资的具体方式

国家基金、创业基金和行业基金是基金参与融资的具体方式。

（1）国家基金

国家基金是以国外的证券市场为依托，投资于本国的共同资金。因此，即使本国的证券市场还不完善，也可在证券市场发达的国家或地区设立投资于本国的国家基金。事实上，第一家投资于中国的国家基金在1985年即已成立，这是由国际投资者组织的“中国投资基金”。

通过设立国家基金来参与项目融资活动，一般可由项目发起方发起设立，在国外证券市场上市发行。为确保国家基金在设立国的运作正常有效，基金管理公司一般由项目发起人与设立国信誉良好、基金管理经验丰富的金融机构共同组建。国家基金所筹集的资金，大部分投资于基金发起人所掌握的项目。为了确保基金的顺利发售和运营，国家基金的发起方必须是国内实力雄厚的行业总公司或行业主管部门，否则，投资者对基金的信心不足。

在国家基金方面，我国国内有关单位已做了有效的尝试，下面介绍两个“中国”基金的实例，供国内项目发起单位借鉴参考。

①招商局中国基金。招商局中国基金全称为“招商局中国基金有限公司”，是由我国招商局集团发起，联合瑞士信贷银行、中银集团投资有限

公司、香港特别行政区土地基金、山一证券、新加坡国家投资公司等九个核心投资者在香港地区注册设立的。该基金共发行相当于1亿美元的股票，每股发行价1.05美元。这是香港地区第一个由中资实业机构支持的、规模最大的中国基金，并于1993年7月22日在香港联合交易所挂牌上市。

招商局中国基金成立的宗旨，是为对投资中国感兴趣的海外投资者开辟一条新的投资渠道，通过该基金的海外投资者可直接投资于内地实业。招商局中国基金的投资重点集中于工业及制造业项目、运输及其他基础设施项目，也包括旅游、金融和房地产等。基金的投资组合中，1/3的资金被投资于招商局目前业务经营良好，已获利并在短期能盈利的企业；1/3被投资于较长期的内地项目。此外，不超过10%的资金被投资于中国概念股、H股和B股。

②中国航空基金。中国航空基金是香港天利国际投资公司与瑞士银行，在1993年初接受中国航空工业总公司的委托，在香港地区筹办的中国基金，以发展中国大陆的航空工业。同以往的中国基金先筹资金再找项目的方式不同，中国航空基金先设定了投资项目，然后再去找投资者出资加入基金。

中国航空基金的投资项目，是从200家企业中挑选出的19家以生产航空工业品为主的企业。基金所注入资金约占这些企业股权的25%~30%。由于基金投资的19家企业都已具有良好的生产、科技和经营管理条件，其中部分企业还与美国的一些大企业有合作项目，因此投资前景非常被投资者看好。原定筹集1亿美元，但来自中国台湾地区、美国、新加坡三地的投资者非常踊跃，致使所募基金超过了原定目标。

(2) 创业基金和行业基金

一般而言，创业基金和行业基金都主要是对项目的股权进行投资，管理方式大同小异，但创业基金一般投资于高科技领域，规模较小。行业基金一般投资于大型行业项目，规模巨大。创业基金、行业基金既可在国内设立，也可在国外设立。如果在国外设立，可归入国家基金一类。由于国内现在还没有关于创业基金和行业基金等投资于项目的共同基金的规范文件和法律法规，在国内直接设立创业基金和行业基金现在还处于理论探讨阶段，因此，项目融资方可先考虑在国外或香港地区等地，以国家基金的形式进行融资。这样，国内条件一旦成熟，就可以利用国外的基金管理经验来开展国内基金业务。结合我国的具体情况，在适当的时候可在投资回报较好的电信网络、能源交通投资领域先行开展行业基金业务，在高科技领域开展创业基金业务。

由于我国的基金对外管理还缺乏经验，股市与发达国家相比差距较大，创业基金和行业基金的结构，建议采用较稳定和易于管理的封闭型契约结构。基金的发起人必须是融资项目的集团总公司或行业主管部门，以提高基金的信誉和增加基金对投资者的吸引力，这样才能筹集足够的资金参加项目投资。由国内信誉好的金融机构与项目发起人组成专门的行业基金管理公司负责具体的投资运作。项目发起人参与基金的管理有助于基金管理的规范化。基金资产的60%～70%应投资于各实体经济项目上，同时，可将其余的基金资产投资于股票或债券。这样，可保证基金具有长期成长潜力，同时，能给予投资者一定的近期回报，并维持基金开展投资活动的费用开支。

二、基金的设立与运作

1. 基金的设立

各国投资基金设立的程序和条件都不相同，在我国，投资基金处于起步阶段，投资基金行业的主管机关为中国人民银行，由中国人民银行负责投资基金的审批和业务管理，中国证券监督管理委员会对投资基金的发行和交易实施监管。

投资基金可分为契约型基金和公司型基金。契约型基金是指通过订立信托契约形式发起的基金，其主要当事人为投资人、经理公司（管理人）和托管公司（托管人）。公司型基金是指通过组建基金公司的形式发起的基金，其主要当事人也是投资人、管理人和托管人，但在设立程序上，必须先由发起人成立基金公司，再安排基金管理人和保管人，并由投资人、管理人和托管人分别向人民银行提出申请，全部得到批准后才能募集资

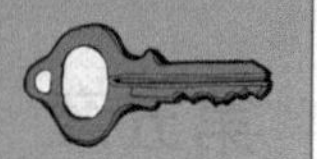

金，并进行营运。

基金发起人通常由几家机构组成，这几家机构必须同时具备下列主要条件：

①至少有一家金融机构在内；

②实收资本在基金规模一半以上；

③均为独立的企业法人；

④有2年以上赢利记录；

⑤首次认购基金券的比例不低于基金总额的20%，同时保证基金存续期内持有基金券比例不低于10%。

基金发起人申请设立基金，须委任主管机关认可的基金管理公司（管理人）。在我国，基金管理人通常是在基金设立时，由几个法人出资按股份制形式建立。申请发起成立基金管理公司（管理人）的机构必须同时具备以下条件：

①至少有一家机构有连续3年以上经营金融业务经验和连续2年以上的赢利记录；

②最近2年无来自主管机关的重大处罚；

③实收资本不低于1亿元人民币；

④至少有一个基金拟委托其管理；

⑤具有合格的基金管理人才。

同时，基金管理公司只有具备下列条件才能获中国人民银行批准成立：

①主要业务为基金管理；

②实收资本不低于1000万元人民币；

③有足够的基金管理人才，公司经理获得学士以上学位并有3年以上投资经验。

基金管理公司获准成立后，在进行基金投资管理时，必须履行以下职责：

①完全以持有人的合法权益作为管理该基金的方针；

②保存所有基金的会计账册、记录、编制账目和报告。每一个会计年度至少出具一份业务和财务报告，并在指定报刊上发表；

③对每一笔基金投资业务做出可行性分析，必要时聘请投资顾问，并保持交易记录备查；

④定期公布基金的净资产和交易价格。

当基金管理人发生下列情况之一时，经主管机关批准须退任：

①基金管理人清盘、破产或已委托接管人接管其资产；

②基金托管人有充分理由认为更换基金管理人符合持有人利益；

③代表至少50%已发行基金券的面值的持有人（基金管理人持有或视为持有部分除外）向托管人要求罢免基金管理人。

申请设立的基金，除须委托基金管理公司（管理人）外，还须委任经中国人民银行认可的基金托管公司（托管人）。我国只有3种法人能充当基金托管人：一是根据《中华人民共和国银行管理暂行条例》规定获经营金融业务许可的银行；二是信托投资公司；三是主管机关特许的其他金融机构。此外，成为基金托管人还须具备下列条件：

①有连续5年以上经营金融业务的经验；

②有申请前连续2年赢利的记录；

③申请前连续2年内无来自主管机关的任何书面形式的处罚；

④设有专门的基金托管部门，且托管基金与自己的营运资金分别列账核算，同时区别不同的基金管理人的名称及基金的名称、性质，分别设置账户，实行分账管理，分别独立核算；

⑤实收资本在托管基金规模一半以上；

⑥符合基金业务发展的客观需要。

具备上述条件，经中国人民银行批准的金融机构即可成为法定的基金托管人，在基金托管业务中，它须履行下列职责。

①托管某一基金或多个基金的所有财产。

②执行基金管理人的投资指令，并负责基金名下资金往来。

③复核、审查基金管理人计算的基金净值及该基金券在出售、发行、注销或申购、赎回时每一份额价格是否准确、合理，其计算方法是否符合

预先规定。

④分别在每年年中及年末向基金券持有人出具报告，陈述基金管理人对基金公司章程或信托契约的执行情况；基金的净资产增值情况及基金券的申购、赎回情况，或基金券上市后的交易及价格情况等。基金管理人有违规之处，托管人须具体指出并说明自己采取的对策。

⑤确保在认购款项未收讫前，不会发行基金券。

当基金托管人发生下列情况之一时，经主管机关批准须退任：

A. 基金托管人清盘、破产或已委任接管人接管基金资产；

B. 基金管理人有充分理由认为更换基金托管人符合持有人利益；

C. 代表至少50%已发行基金券面值的持有人（基金托管人持有或视为持有部分除外）向管理人要求罢免基金托管人；

D. 其他经主管机关核准的情况。

在上述各主要当事人均具备有关条件的情况下，基金发起人可开始进行基金的设立，其具体程序如下。

第一步，发起人决定发起设立基金，签订发起人协议书，并向主管机关提出发起设立意向。

基金发起人协议书的内容主要包括以下部分。

①基金法定名称（中、英文）。

②基金法定地址。

③基金注册资金。包括基金注册资金来源、基金发行总规模、发行次数。其中，发起人认购20%，其余部分向社会公开发行，发起人认购的基金券在发行后几年内不能转让；在基金存续期限内，各发起人至少持有初始认购份额的比例；各发起人设立时分别认购的份额。

④基金期限。

⑤基金目标。

⑥基金主要投资项目以及各项目投资占基金总额的比例。

⑦基金的投资受益人大会为基金最高权力机构，由全体基金券持有人组成。

⑧基金设立董事会，董事会为基金投资受益人大会的执行机构。董事会由几名董事组成，董事的选举，董事任职期限。

⑨基金董事长的确定，副董事长人数及人选。董事长、副董事长任职期限。

⑩基金设立的经营管理机构。

⑪各发起人享有的权利。

⑫在基金设立过程中，发起人各方负有的义务。

⑬发起人各方派员组成基金筹备组。筹备组在基金正式登记注册前，需要办理的主要事务。

⑭该协议的有效期限。

⑮协议的修订和补充。

第二步，如果需要新设立基金经理公司（管理人），则由发起人向主管机关提出申请。提出设立基金经理公司的申请时，须提交下列文件：

①申请报告；

②发起人名单及资格证明文件；

③经理公司章程；

④主要负责人和业务主管的简历；

⑤主管机关要求提供的其他文件。

第三步，如果设立契约型基金，则由托管人与管理人订立信托契约；如果设立公司型基金，则由基金发起人设立基金公司，拟定基金公司章程。

信托契约或基金公司章程必须载明以下内容：

①总则。包括基金的名称、基金发起人的名称、地址及法人代表、基金是契约型还是公司型、是开放型还是封闭型、基金的宗旨；

②基金管理人及基金托管人的名称、地址及法人代表；

③基金券发行日期、发行规模、方式及缴款时间；

④基金投资政策、目标及投资范围、限制；

⑤基金管理人从持有人处或基金资产中得到的各项费用及这些费用的计算标准与计算方法；

⑥基金管理人和基金托管人之间相互发生的各项费用及这些费用的计算标准和计算方法；

⑦基金券发行期限及逾期未募足款项的处理方法；

⑧基金资产净值的计算方法及支付持有人红利的方式、方法及时间；

⑨基金存续期满或信托契约中止后基金的清算方法及基金净资产的处理方法；

⑩基金管理人、基金托管人与持有人的权利、义务和其他须载明的事项。

开放式基金的公司章程或信托契约除须载明以上内容外，还须载明基金申购赎回的程序、方法、时间、地方及其价格的计算方法与给付方法。

第四步，安排委托会计师、律师、经纪人、投资顾问等。

第五步，基金发起人正式向主管机关申请设立基金，提交下列文件。

①申请设立基金报告。报告须说明设立该基金的必要性和可行性。

②基金设计方案。这是申请过程的核心文件之一，其内容包括：

A. 基金名称、类型、推出时间、地点；

B. 发起人及其认购和持有比例，基金券发行的规模、对象和范围；

C. 基金的款限、定价方法；

D. 基金券的挂牌交易或申购赎回事项；

E. 基金的投资政策与目标；

F. 基金的费用，包括投资者应付的各项费用及基金应付的各项费用；

G. 收益分配及清盘处理办法；

H. 拟委任的管理人、托管人及两者间的经济、从事关系；

I. 拟委任的律师、会计师等的姓名；

J. 主管机关要求设计的其他项目。

③招募说明书草案。

④会计师、律师、经纪人、投资顾问等接受委托的文件。

⑤基金信托契约（契约型）或基金公司章程（公司型）、委托管理协议、委托保管协议。

⑥主管机关要求提供的其他文件。

第六步，主管机关经全面考察后，批准基金成立。基金宣告成立后，向社会公众公布招募说明书，发行基金券，筹集资金。

招募说明书应载明以下内容：

①基金的名称、类型、规模；
②基金发起人、管理人、托管人的名称、地址、负责人；
③基金的募集方式、时间、价格、手续费；
④认购的最低额和最高额；
⑤存续时间及期满后的清盘处理方法（封闭式基金）；
⑥基金投资范围、政策与限制；
⑦基金管理人的管理费、业绩报酬和托管人的托管费等计算标准；
⑧基金招募失败的情况下，已募款项的处理方法；
⑨基金的转让方法；
⑩基金的风险提示；
⑪信托契约条款中的其他重要条款。

2. 基金的运作

基金筹集有私募和公募两种方式。私募指由基金发起人私下与投资者接触，让投资者认购基金，基金发起人承担全部募集基金的工作。公募指基金认购由基金发起人委托证券机构承担，证券机构组成承销集团，通过报刊登载招募说明书，向公众推销基金。我国目前主要采用公募方式。公募发行方式又分为定向公募和非定向公募。定向公募是指在招募说明书中规定了基金向特定对象发行。非定向公募则任何人都可购买。

按现行基金管理办法规定，基金的募集期限为自该基金批准之日起3个月内。封闭式基金募集期满时，其所募集的资金少于该基金规模60%时，或开放式基金募集期满时，其所募集的资金规模小于8 000万元时，该基金不能成立。基金发起人须承担募集费用，所募集的资金连同同档次银行存款利息须在30天内退还给基金认购者。

基金募集是否成功，取决于多种因素，其中一个极重要的因素就是基金发行价格。基金发行价格通常由三部分组成：一是基金的面值；二是基金的发起与招募费用；三是基金销售费。

如果基金规模较大，分多次发售，则一般首次发行价是面值加手续费，其后可以基金的每单位净资产价值（基金净资产价值/基金已发行的单位证券总数）为发行价格。

投资者若要退出对基金的投资，可将所持的基金券卖回给经理公司或转让给其他投资者。一般来说，对开放型基金而言，投资者可采用向经理公司赎回基金券的方式；对封闭式基金而言，投资者是采取在证券交易市场转让基金券的方式。

通常，开放式基金自基金券发行期满一定时期（比如3个月）后，接受赎回申请。基金券每单位的赎回价格，一般以赎回日的基金每单位净资产价值（基金净资产价值/基金已发行的单位证券总数）计算。基金净资产价值总额，按一般公认会计原则，以基金总资产价值扣除总负债计算。

基金通过发行基金券募集资金后，就要运用所筹资金进行投资，以取得投资利润和收益。基金作为一种投资信托方式，具有特定的投资范围。根据各国的基金管理办法及信托契约的规定，基金主要投资于证券市场的各类有价证券，包括上市公司股票、股权凭证、新股认购权证、政府公债、政府担保公债、地方公司债、公司债、可转换公司债、金融债券等。同时，基金还以一定的现金投放于金融机构，或向短期票券交易商买入商业票券，以保持基金资产的流动性。

对于基金的投资限制，各国各地区有不同的规定。例如日本、我国香港等地基金投资有价证券的范围不限制上市或未上市。而台湾地区则严格规定基金不得投资于未上市股票或承销证券。我国深圳市对基金投资范围作了如下限制：

①不得从事证券承销业务；
②不得从事信贷业务和提供借款担保；
③不得从事承担无限责任的投资；
④不得从事信用交易；
⑤不得在同一管理公司下的基金间做证券交易；
⑥不得投资于其他信托基金的受益凭证；
⑦不得投资于与托管公司或经理公司有利害关系的公司证券；
⑧投资于某一上市公司的股票不得超过该基金净资产价值的10%；
⑨投资于某一家公司的证券不得超过该公司总股份的10%；
⑩主管机关规定的其他投资限制。

在主管机关规定的投资范围内，制定合理明智的投资政策和策略，这是基金管理最重要的环节。

基金的投资政策即指基金对各类有价证券投资目标的选择方针。各类基金为实现其设立的宗旨，为取得长期资本增值或短期投资收益，往往制定不同的投资政策，选择其认为最能取得基金投资利益的证券组合及经营方式。不同的投资政策是基金性质及特征最明显的反应，由此而形成体现不同投资宗旨的各类基金。

基金投资政策的特征一般包含以下几个方面：

①保持何种证券组合的类型；

②证券实际分散化程度；

③证券组合质量的高低；

④基金充分投资的程度；

⑤着重于经济收入的稳定性，还是着重于买卖利润或连同资本增值的相对程度。

不同种类的基金，其投资目标和投资策略不同，但取得利益的来源和方式基本上有以下 5 种。

①利息收入。为保持基金资产的流动性和应付投资者赎回，基金常保留一定比例的现金，并将其存入银行或投资于货币市场，取得利息收入。

②股利收入。除债券基金或货币市场基金，大部分的投资基金都把资金主要投放于股票市场，取得股利收入。

③资本利得。以“买低卖高”的操作原则投资于证券所得的差价利润。

④资本增值。经理公司操作基金的营运，由于所投资证券的增值，且不断取得投资收益，基金的净资产值也不断增长，投资者在投资于基金一定时期后，其所持基金单位的净资产值比投资时的净资产值有一定程度的增加，这部分增加额即为基金的资本增值。

⑤其他收入。

吸收直接投资：成本最低的融资途径

企业融资是企业持续发展的资金生命线。面对多种多样的融资方式，如何正确选择融资途径对企业来说是至关重要的。对企业来讲，低成本、低风险的融资方式是最为可取的。而吸收直接投资是成本最低、财务风险较低的融资方式，它因具诸多优势而成为企业的重要融资方式。直接融资的具体形式又包括吸收国家投资、吸收法人投资、吸收个人投资、吸收外商投资、用企业内部资金投资五类。这些不同的直接融资形式各有各的特点，需要企业在融资过程中予以把握。

一、吸收直接投资是企业的重要融资方式

吸收直接投资是我国企业中实行最早，也是普遍采用的筹资方式。它具有很多优势，如财务风险较低、出资形式多种多样，能够直接形成生产经营能力等，因而成为企业的重要融资方式。

1. 吸收直接投资的含义与特点

吸收直接投资是指非股份制企业以协议等形式吸收国家、其他企业、个人及外商等直接投入的资金，形成企业资本金的一种筹资方式。吸收直接投资与发行股票、留用利润均属于企业筹集自有资金的方式，但发行股票有股票作中介，而吸收直接投资无须发行任何证券，其出资者都是企业的所有者，对企业具有资产所有权，可通过一定方式参与企业经营决策。有关各方按出资额的比例分享利润、承担损失。

吸收直接投资具有以下特点。

①吸收直接投资所筹集的资金属于企业的自有资金，能增强企业的资信和借款能力，对扩大企业规模、壮大发展实力具有重要意义。

②出资形式多种多样。不仅可以筹集现金，而且能够直接获得所需要的先进设备和技术，有利于尽快形成生产能力，开拓市场。

③吸收直接投资的财务风险较低。企业根据自己的经营状况向投资者支付报酬，支付的多少与企业经营状况的好坏存在直接的关系，比较灵活。

④吸收直接投资通常成本较高。因为向投资者支付的报酬是根据其出资数额和企业经营状况的好坏来确定的，所以在企业盈利较多时，支付资金成本较高。

⑤吸收直接投资不利于产权流动。吸收直接投资由于没有证券作媒介，产权关系有时不清晰，也不便于进行产权交易。

⑥吸收直接投资可能会分散企业控制权。投资者一般按其投资份额取得企业的经营管理权，如果外部投资者较多，则投资者对企业的控制权就

比较分散。

2. 吸收直接投资的种类与形式

企业采用吸收投资的方式筹集的资金可分为以下5类。

（1）吸收国家投资

吸收国家投资是国有企业自有资金的主要来源，主要是国家财政拨款形成的国家资本金。吸收国家投资一般具有以下特点。

①产权归属于国家；
②资金数额较大；
③只有国有企业才能采用。

（2）吸收法人投资

法人投资是指法人单位以其依法可以支配的资产投入企业。目前主要指法人单位在进行横向经济联合时，所产生的联营和相互之间购买股票的投资。法人对企业的投资形成法人资本金。吸收法人投资一般具有如下特点：

①投资发生在法人单位之间；
②投资以参与企业利润分配为目的；
③投资方式灵活多样。

（3）吸收个人投资

吸收个人投资是指吸收企业内部职工和社会个人的直接投资，由此形成个人资本金。个人投资具有与法人投资相同的目的，即参与企业的利润分配，而且参加投资的人数较多，每人投资的份额相对较少。

（4）吸收外商投资

随着我国改革开放的不断推进，吸收外商投资已成为企业筹集资金的重要方式。外商投资是指外国投资者以及我国港、澳、台地区投资者投入的资金。吸收外商投资一般具有以下特点。

①可以筹集外汇资金；

②出资方式比较灵活；

③一般只有中外合资、合作或外商独资经营企业才能采用。

(5) 用企业内部资金投资

①企业留利。这是企业投资的最重要来源，但目前企业留利受多种因素的制约，其金额还不是很大。

②折旧基金。固定资产折旧基金，原则是保证固定资产简单再生产投资支出的资金，但其中一部分可以用于扩大再生产。筹集这种资金的程序和方法比较简单，这里不作进一步的介绍。

③企业闲置资产的变价。其中既包括闲置的固定资产，如设备、厂房；又包括企业积压闲置的流动资产，如原材料、产成品等。

④企业应收账款。其中包括产品销售的应收货款、到期应收回的证券投资本息，及应回收的到期货款等。

⑤需要从效益低的占用向效益高的占用转移的资金。其中包括投资效益低的证券、房地产和实际经营资产等。

企业内部资金的使用一般有以下特点。

①无偿性。无偿性指除了必要的手续费外，在筹措内部资金时，企业几乎无须对外付出任何代价。企业内部资金融通仅仅是对原有闲置资金的利用或不合理占用资金的转用，既不涉及企业资金所有权、控制权的转移，也无须付息还本。因此，这是一种代价最小、效益最大的筹措资金的方法，在企业筹资时应首先考虑。

②一般不需经过繁锁的申请审批程序。筹措企业内部资金，一般不涉及企业同外部的关系，涉及国家法律政策限制也较少，所以一般不需要许多复杂的批准手续。这样既可以缩短筹资时间，又可以降低各种手续费用。

③纳税优惠。筹措企业内部资金大多是资金在企业内部转移，不涉及资产的取得，所以一般无须缴纳税款。即使是企业闲置资产的变卖，一般也能得到免税或减税的优惠。

④方便灵活、管理简单。企业筹措内部资金，可以随时随地进行，一般不存在时间长短问题。而且企业内部筹资通常不需要金融中间机构，管理比较简单。

吸收直接投资时，投资者可以采用多种方式向企业投资。主要有以下几种出资形式。

（1）现金投资

用货币资金对企业投资是直接投资中重要的出资方式。企业有了货币资金，可用以购置各种生产资料，支付各种费用，比较灵活方便。因此，企业应尽量动员投资者采用现金方式投资。外国公司法或投资法对现金投资在资金总额中的份额一般都有规定。我国《有限责任公司规范意见》中规定，现金出资不得少于公司法定注册资本最低限额的50%。其他各种组织形式的企业，需要在投资过程中由出资各方协商确定。

（2）实物投资

实物投资是指以房屋、建筑物、设备等固定资产和材料、燃料、商品等流动资产所引进的投资。一般来说，企业的实物投资应符合以下条件。

①确系企业生产、经营所需；

②技术性良好；

③作价公平、合理。

（3）无形资产投资

无形资产投资是指投资者以专利权、商标权、商誉、非专利技术、土地使用权等无形资产作价投入的资本。吸收无形资产投资也必须符合企业生产经营、科研开发的需要，在技术上能够消化应用，能促进企业改进产品质量，提高生产率，降低各种消耗，且作价比较合理等。我国现行法律规定企业吸收无形资产投资比例一般不得超过注册资本的20%，但特殊情况除外。

3. 吸收直接投资的基本程序

企业吸收其他单位的直接投资，一般应遵循如下程序。

（1）确定吸收直接投资的金额

企业新建或扩大规模吸收直接投资时，应当合理确定所需吸收直接投资的金额。合资或合营企业的增资由出资各方协商决定，国有企业增资须由国家授权投资的机构或部门决定。确定资金需要量的方法较多，本书将在财务策略部分中详述。

（2）选择吸收直接投资的出资方式

企业在吸收投资之前，需要做一定的宣传工作，以便使出资单位了解企业，有目的地进行投资。企业向哪些方面、以何种形式吸收直接投资，需要由企业和投资者双向选择、协商确定。企业应尽量让投资者以现金方式投资，因为使用上比较灵活，如果投资方面确有先进且适用的固定资产和无形资产，也可采取实物和无形资产的投资形式。

（3）签订投资协议等方面文件

企业与投资者确定好投资意向和具体条件后，便可签订出资协议，并加以落实。企业吸收直接投资，无论是新建还是增资，都应当由有关各方签署合同或协议等书面文件。国有企业由国家授权投资的机构签发创建或增资拨款的协议。合资企业由合资各方共同签署合资或增资协议。

（4）按期取得资金来源

根据出资协议中规定的出资期限和出资方式，企业应按计划或规定取得资金。吸收出资各方以实物资产或无形资产投资的，应结合具体情况，采用适当的方法，引进时合理评估，办理资产转移手续，取得资产。获得资金来源之后，出资各方有权对企业进行经营管理，这就要求各方共同经营，共享利润，共担风险。

二、企业吸收直接投资的方式

1. 企业留存收益的利用

（1）留存收益的形成

利用留存收益是企业内部融资的一个最主要的形式。留存收益是企业经营活动所取得纯利润的积累。它是所有者权益的构成之一，也是企业的一个重要资金来源。

留存收益是税后利润的转化部分。股份制企业在缴纳所得税后利润按如下顺序分配。

①支付各项税收的滞纳金和罚款；

②弥补以前年度亏损。这是指企业在用所得税前的利润抵补亏损后，仍未补足的亏损部分；

③提取法定盈余公积金；

④提取公益金；

⑤支付优先股股利；

⑥提取任意盈余公积金；

⑦支付普通股股利。

值得说明的是，企业实现的利润，在扣除应交所得税、弥补以前年度亏损、提取法定盈余公积金、公益金后的余额，加上以前年度未分配利润，称为可供股东分配的利润，它应按上述后三项制度进行分配。可供股东分配的利润在扣除已分配给股东的利润和提取任意公积金后的余额，称为未分配利润，可留待日后年度进行分配。

（2）留存收益所包括的内容

①盈余公积金。盈余公积金是企业按照规定从税后利润中提取的积累资金。按规定，企业至少提取10%的法定盈余公积金，当法定盈余公积金达到注册资本的50%时，可以不再提取。股份有限公司还可以按规定提取任意盈余公积金，这种公积金是指企业出于经营、管理方面的需要，在向投资者分配利润前，按照公司章程或者股东会议决议提取和使用的留存利益。

盈余公积金可以用于弥补企业以前年度亏损；也可以按照法定程序转增资本金，作为企业的生产发展基金和后备基金；股份有限公司还可以按规定将盈余公积金用于分配股利。需要注意的是，股份有限公司当年的利润一般不得分配股利。如经股东大会批准，在用盈余公积金弥补亏损后，可按股票面值6%分配股利，但分配股利后企业法定盈余公积金不得低于注册资本的25%。

②公益金。公益金是企业专门用于企业职工集体福利设施的准备金。它同从工人工资总额中计提的11%的应付福利费都属职工福利基金，但是两者有二点不同：一是性质不同。公益金属所有者权益，而应付福利费属流动负债性质的基金。二是用途有区别。公益金只能用于集体福利设施，如兴建职工宿舍、托儿所、理发室、浴池等，而应付福利费是用于职工个人福利和奖励。

③未分配利润。未分配利润是企业实现利润与已分配利润的差额，这种差额不完全是所有者利益。如属少计或未计应交所得税款，就是企业对国家应尽而未尽的义务，不是所有者权益。如果未分配利润为应向投资者分配利润或应作为企业积累，则构成了所有者权益。总之，未分配利润不管属性如何，在分配前已形成了企业资金来源。

（3）企业如何利用留存收益

企业利用留存收益时要考虑以下因素。

①资金利润率的大小。资金利润率是企业本期利润与所投资的资金比例，资金利润率越高，企业的经济效益越好。那么作为从税后利润转化而来的留存收益也就会越多，企业就可以考虑将更多的利润转化为内部积累。所以，企业要想获得较多的内部资金，就必须从提高企业的经济效益着手。

②税率的高低。留存收益是企业利润在扣除各种税收后转化而来的，那么税率的高低也决定着留存盈余的多少。税率较高（特别是所得税率），企业的税后利润就会下降，自然留存盈余也会下降。税收的减少必然是税后利润的增加，从而留存盈余也会增加。

③股利的大小。股利包括股票和红利。股息是优先股票持有者定期从股份制企业所领取的盈利；红利是普通股股东从企业中得到的分配利润。股利的大小影响着留存收益，如果股利派发过多，留存收益将相应减少，不利于企业的发展壮大；而股利派发过少，可能引起部分股东不满。所以企业在股利和留存收益之间的比例关系上，应有个比较适中的选择。如果企业选择了许多有利的投资机会，需要大量资金，则宜采用较紧的股利政策，并对股东加以说明，以获得股东的支持和理解。

2. 企业内部融资：资产变卖与应收账款

除了利用企业留存盈余额融资外，还有一些其他内部融资形式，这里仅介绍两种在实行市场经济国家中企业常用的内部融资形式，希望能给我国企业一些启示。

(1) 企业资产变卖融资

企业资产的变卖融资，是将企业的某一部分资产清算变卖，以筹集所需资金的方法。企业资产的变卖同企业资产购置建设一样，也是企业的正常生产经营活动，绝不意味着企业的失势或经营不力。通过变卖多余或低效的资产，企业除了可以筹措必要的资金，进行其他的生产经营活动外，还有以下好处。

①去掉盈利小或亏损的部门，提高利润水平；

②改变经营结构与方向，开拓新的市场，提高竞争能力；

③去掉与企业主要生产经营活动关系不大的部门，集中发挥企业的优势，提高专业化程度。

所以，企业资产变卖对象不仅限于微利或亏损的部门，有时为了总体经营结构与专业化大生产的需要，对盈利部门也可能进行清算变卖。

利用企业资产变卖筹资主要有以下一些特点。

①资产变卖筹资的过程也就是企业资源再分配的过程，是企业的经营结构向高效益方向转换的过程。因此其作用效果是多方面的；

②速度快，适应性强；

③需要考虑职工的心理承受力；

④资产变卖的价格很难精确地确定，变卖资产的对象也很难选择，常常出现把未来高利润部门的资产廉价卖掉的情况。

企业在进行资产变卖前，首先要解决企业的经营战略，定出发展方向与目标，然后才能确定变卖筹资的目的与要求，进而选择清理资产的对象，对资产进行清理变卖。

企业进行资产变卖一般要经过以下几个阶段。

①成立资产变卖小组，制定变卖规划。资产变卖是一项专业化很强的工作，所以必须汇集有关的专家与具有丰富实践经验的人员参加，其中至少包括：一名具有相关业务知识与协调能力的项目经理；一名熟悉变卖资产的人员；一名财务人员；一名懂得法律、银行、税务知识的人员。变卖小组成立后，就要编制变卖的规划，其内容包括：变卖规划与费用概算，小组各成员责任、权力以及变卖筹资需要处理的内外关系等。

②变卖前的可行性研究。变卖前的可行性研究主要解决两个问题。首先要解决企业是否符合变卖资产的条件。一般条件是。

A. 与主要生产经营活动关系不大的资产或分部门；

B. 欲强化专业化生产；

C. 为了筹资开拓新的竞争市场；

D. 利润水平低于同行业一般水平，资产的清算价值大于账面价值。

其次要选择合适的变卖时机。一般应选择以下某一时机。

A. 通货膨胀率高，资产增值；

B. 企业兼并，收购活动频繁；

C. 企业缺乏扩大生产经营活动的资金；

D. 企业股票价值低估，资产清算价值大于账面价值；

E. 欲变卖的部门正好是其他行业所急需的。

③做好变卖的准备与资产估值工作。首先要准备好企业资产变卖的资料，主要包括：所变卖部门的经营历史；市场占有额、营业额；主要生产的产品与提供的服务简介；生产设施与资产状况；组织、管理与人力资源状况；主要的财务信息、资料。在此基础上，对变卖部门的资产进行估值。

估值的主要方法有：

A. 账面价值法：即根据会计账目核算资产价值；

B. 重置价值法：即估算重新购置同样的资产需要付出的成本；

C. 回收期法：即计算回收售价需要的时间；

D. 比较法：即通过比较类似资产的市场价值定价等等。

④出售。出售包括四方面的工作。

A. 确定可能的买主；

B. 选择出售的形式；

C. 对买主进行必要的审定研究；

D. 谈判达成交易协议，完成出售过程。

可能的买主主要有：同业竞争者；同样类型的想扩大经营规模或生产规模的企业；经营有关设备配套产品的顾主等。企业资产出售的形式主要有竞争性招标、协商性出售及拍卖三种。其中竞争性招标最为常见，其重要一环是对买主进行审查。

通过对企业资产变卖进行筹资在我国目前还不常见，这与我国多年的产品经济观念、企业缺乏经营自主权有密切的关系。

(2) 企业应收账款融资

企业应收账款包括即将到期的分期收款、销售的应收账款、可于下一经营周期中收回的货款、对附属公司销售的应收货款。应收账款是企业的债权，是企业内部资金。这部分资金是应收而尚未收回的，所以存在如何回收的问题。

利用应收账款筹资，是指利用企业应收账款作为抵押取得贷款，或将其让售以取得企业所需要的资金。这种筹资方式在商业信用盛行的西方国家是很常见的。一方面企业为了招揽业务、推销产品，要把产品赊销给客户，为客户垫支短期资金，形成了应收账款；另一方面，企业为了取得生产经营活动资金，又急需收回应收账款，但应收账款中有些可能没有到期，或者虽然到期却难以立刻收回。这时企业就需要借助中间机构，如信贷公司、应收账款公司或代理商来回收应收账款。利用应收账款筹资是一种短期资金的筹集方式，一般不会给企业的经营带来长期的不良影响。

我国目前尚没有承办这种业务的单位。下面介绍一些西方国家的情况。

①利用企业应收账款筹资的时机。利用企业应收账款筹资的企业一般是处于生产、服务、建筑、批发等领域中经营风险不大的企业。他们通常在以下一种或几种情况下采用这种筹资方式：企业遭到了罕见的冲击，如

主要顾客破产；需要预先购置存货；企业正处于生产经营活动的发展阶段，产品价格、市场销售都很理想，只是缺乏必要的资金；应收账款在近期可以收回；利用应收账款筹资的费用可以用产品提前销售所带来的收益来弥补。

利用企业应收账款筹资，一般可以选择以下时机：企业有一项或几项可靠的应收账款欲让售；短期的贷款利率过高，而储蓄存款利息又相对较低；企业的财务状况良好，但由于其他原因难以取得贷款；企业经营缺少资金；企业想维持与拖欠应收账款的顾客的良好关系。

②利用企业应收账款筹资的特点。同其他的筹资方式相比，利用企业应收账款筹资主要有如下一些特点。

A. 企业可以迅速地筹措到短期资金，以弥补资金的临时性短缺，如需要临时购入存货等；

B. 利用应收账款筹措资金的费用，常常能够通过加速资金周转带来的收益而得到补偿，所以这种筹资方式的费用很低，甚至不需要付出任何费用；

C. 利用应收账款筹资一般无须企业负债，因此可以提高企业的债务资产净值比率，而不会给企业财务状况带来不良影响；

D. 利用企业应收账款筹资一般没有最低资金额的要求，而且方便、迅速；

E. 利用应收账款筹资往往会减少企业的应得收入，而且如果企业的信贷信誉很低，银行或应收账款公司可能索取较低的利率；

F. 应收账款公司通常都要对企业提出一些额外的要求，如企业应对顾客拖欠的应收账款负责，当应收款无法收回时企业应承担相应的损失等。

利用应收账款筹措资金主要有两种方式，即以应收账款为抵押借款和将应收账款让售。

①以应收账款为抵押借款筹资。以应收账款作抵押借款筹资是借款企业（即有应收账款的企业）与经办这项业务的银行或公司订立合同，以应收账款作为担保品，在规定期限内（通常为一年），企业有权以一定额度为限借用资金的一种筹资方式。合同明确规定银行或公司借给企业的资金占应收账款的比例。这项比例一般为75%～95%，通常是80%。订约的任

何一方通常可在规定期限到期前6个月以书面通知对方解除合同。

在规定的信贷限额内，借款企业可随时向信贷公司借用款项。借款企业在借款时，除以应收账款为担保品外，还需按实际借款金额出具票据。如果作为担保品的应收账款中某一账款到期收不回来，信贷公司有权向借款企业追索。这种筹资方式，通常都不通知向借款企业赊购的客户，账款仍由借款企业收取。收回的账款须如数转交给信贷公司。

由于借款企业借到的款项少于应收款的数额，借款企业对应收账款自然就保留了剩余的相应权益。凡是销货退回、销货折让及折扣，都会减少此项权益。如果减少到信贷公司认为已不足以保障其贷款安全时，借款企业便须开一支票，交给信贷公司以弥补不足之数。在账款安全收回后，有关的权益仍归借款企业，信贷公司收取贷款利息。利息通常按日息计算，主要有两种方法：按每天应收账款未收余额计算；按每天应收账款未收余额中的已借款额计算。

②将应收账款让售筹资。这是指企业将应收账款出让给专门以购买应收款为业的应收款托收信贷公司，以筹集所需资金的一种方式。利用这种方式，企业可于商品发运出去之前向信贷公司申请贷款，经同意后可在商品运出之后将应收账款让售给信贷公司。信贷公司根据发票金额，减去容许购买客户扣取的现金折扣、信贷公司的佣金以及主要用以冲抵销货退回和销货折让的扣款后，将余额付给筹资企业。扣款占应收账款的比例，由双方协商确定，一般为10%左右。待预计不会再发生销货退回、销货折让或其他足以减少应收账款金额的情况后，扣款的余额即由信贷公司退还给筹资企业。让售账款后，要通知购货客户，将账款直接付给应收账款信贷公司，若有拖欠，亦由信贷公司催收。如果客户无力清偿，让售企业也不承担损失的责任，责任由应收账款信贷公司承担。

应收账款信贷公司从事代理业务，主要收取两种报酬。一是佣金。一般按应收账款的净额，即发票上开列的总额减去由客户扣取的现金折扣后的一定百分比计算，其比例一般为1%～2%。佣金实际上是信贷公司执行信贷业务、承担风险和收取账款的所得。二是利息，通常根据到期日前筹资企业筹措的金额，按一定的年利率或日利率计算，筹资企业在到期日当天筹借的金额可以不计利息。从到期日起，任何尚未筹借金额的应计利息归筹资企业所有。其中“到期日”指一笔账款的现金折扣期满之后的第10天。如果筹资企业同时将几笔账款让售给应收账款托收信贷公司，还需计算平均到期日。

利用应收款筹资是商品经济条件下企业间信用发展的必然结果。我国目前各企业之间相互拖欠严重，国家花了很大力量来处理“三角债”问题，投入了大量的“启动”资金，但收效不大。因此，研究和借鉴西方利用应收账款筹资的方式是很有现实意义的。

3. 吸收外国直接投资之一：中外合资

中外合资经营企业，简称合资企业。即股权式的合营企业，是指由外国公司、企业和其他经济组织或个人同中国的公司、企业或其他经济组织，按照中国有关法律，经中国政府批准，在中国境内设立的合营企业，是具有法人地位的有限责任公司。它是依照《中华人民共和国中外合资经营企业法》及《中华人民共和国中外合资经营企业法实施条例》而建立的企业。经我国政府批准和登记的中外合资企业是中国法人，中国政府依法保护外国合营者按中国政府批准的协议、合同、章程所定义的在企业的投资、应分得的利润和其他合法权益，合资企业的一切活动自然也应遵守中国法律和行政法规的规定。

（1）中外合资企业的主体

合资企业的主体由以下3方面组成。

①外国合营者。可以是公司、企业和其他经济组织或个人。

②中国合营者。只限于公司、企业或其他经济组织。其中，公司、企业是指已经在政府登记注册，取得法人资格，独立进行经营活动，单独实行经济核算的单位。经济组织包括已经在国家工商行政主管部门登记注册的乡镇企业、事业单位附属的企业等。政府机关不宜担任中国合营者。

③审查批准机关。它授予合资企业法人地位及有关的权力。没有审查批准机关的批准，即使投资各方就合资企业达成了协议，签订了合同，制定了章程等，该合资企业也不能算作成立。在中国境内设立合资企业，必须经中华人民共和国对外经济贸易部审查批准，批准后，由对外经济贸易

部发给批准证书。

（2）中外合资企业的特点

中外合资企业与其他类型企业相比，有如下特点。

①共同投资。中外双方共同投资，其投入资本可以采用 3 种形式：现金、实物（包括厂房、设备、机器、物料等）、无形资产（包括工业产权、专有技术和场地使用权等）。在合营企业的注册资本中，外国合营者的投资比例一般不低于 25%。合营各方按注册资本比例承担责任、权利和义务。

②共同经营。合营各方共同组成董事会，董事会是合营企业的最高权力机构，决定合营企业的一切重大事宜。合营企业实行董事会领导下的总经理负责制。总经理和副总经理由各方推荐，经董事会聘任，组成经营管理机构，共同负责企业的生产和经营管理。

③共负盈亏。合营各方按注册资本比例分享利润和分担风险。

④有限责任。合营企业的形式为有限责任公司。合营各方对合营承担的责任，以各国投入的注册资本为限。合营企业以本企业的资产对其经营活动负责。合营各方所有而不属于合营企业的财产，不对合营企业的债务负连带责任。

（3）建立中外合资企业的程序

①提出项目建议。项目建议是一个企业或经济组织打算利用外资进行技术改造或举办新产业的建议。在提出项目建议，提交项目建议书之前，必须做好确定合资项目工作和选择合资对象等有关工作。

其一，确定合资项目。确定项目之前，投资者要做国内市场需求调查，要根据国民经济发展的需要，使投资项目和市场需求相吻合，和国家经济发展规划相吻合，项目是否符合社会发展需要，项目建议书能否获得国家批准，能否取得法人资格并正常开业等。

作为合营者自身的选择，主要以投资少、风险小、利润大、容易收回投资为标准，以此标准选择的主要是生产消费品的项目。从发展中国家经济角度选定项目，以能否引进先进技术，能否对国民经济的技术改造起推动作用为标准。以此标准选定的主要是生产资料的项目。从个人投资者来说，还要根据他们的自身条件（熟悉的行业、拥有的资本额）来选定他们所要投资的项目。

为了更好地选择合营项目，合营双方应该熟悉和掌握我国有关法规和政策，了解国家鼓励和限制投资的领域，这样才能更好地确定合资项目。

其二，选择合作对象。选择合适的合作对象，是建立合资企业的重要环节。一定数量的投资和一定规模的经营企业必须由国内外有资格的投资者承担。确定项目的首要任务是通过国际投资市场调研选择合适的合营对象。对国际投资市场的调研，就是要了解在国际上那些握有先进技术和过剩资本的国家、公司、企业和其他经济组织或个人有否向外投资的意向或信息，从中选择合适的合营对象。

选择合适的合作对象，一般可以通过以下几种途径。

一是利用海外华侨或港、澳、台同胞的关系，或吸收他们回国直接投资，或经其介绍国外投资者前来投资。

二是通过信托咨询机构、驻外商务代表和海外企业牵线搭桥。例如天津中法葡萄酿酒有限公司是由天津市农场局葡萄园与法国雷·马丁财团（人头马公司）合营的。最初为这两个伙伴牵线的是由与法国人头马公司有商业业务关系的轻工业部主管酒类进出口的有关人员，继之代表法方。参与谈判合约的是由天津移居到香港经营技术咨询业务的蒋维英先生，他为办成此事而获得了外商赠予的5%的干股。

三是通过领导人互访建立合营企业。如湖北派克密封件有限公司是因中国湖北省与美国俄亥俄州结成友好省州，两国省长、州长在互访中给两个企业武汉汽车修配厂和俄亥俄州老公司牵的线，两个地方政府作为友好象征项目亲自敦促搞成的。中国迅达电梯公司也是原国家建委一位副主任亲自促成兴办的。

四是从贸易、来料加工、合作生产开始进一步发展成合资经营企业。比如中外两家企业在合作生产某一产品过程中，互相增进了了解，继而发展成为合资企业。

五是利用各种商品交易会、贸易洽谈和招商引资等方式建立合资经营企业等等。

其三，提交项目建议书和初步可行性研究报告。项目建议书是项目主办单位向上级有关部门提出的申请举办合资企业的书面报告。其基本内容包括以下几个方面。

A. 中方企业的基本情况；

B. 与外商合作的必要性和可行性；

C. 外方的基本情况和与我方合作的基本态度；

D. 拟引进技术的内容、条件；

E. 产品选择和发展方向；

F. 生产规模和国内外市场分析；

G. 主要原料和配件供应；

H. 合营企业的地点、周围环境、基础设施、市政配套以及交通运输条件；

I. 合资方式和合营期限；

J. 职工人数估算和来源；

K. 投资总额估算、注册资本、各方出资比例和出资方式；

L. 资金筹措、合营企业贷款的可能性；

M. 外汇平衡估算及平衡方法；

N. 经济效益估算。

初步可行性报告比项目建议书内容更为深入，但比可行性研究报告简要。其主要任务是通过国内外市场的调查分析，提出和确定合理的产品方向和投资规模；通过对国内外技术现状及发展趋势的对比分析，确定引进技术的内容、范围及步骤；说明投资者的资信情况，确定合作对象；研究资金的筹措办法，研究原材料、燃料、动力、运输、零配件的需求量并确定其供应方式。

项目建议书和初步可行性报告，由中国合营者向企业主管部门呈报，经企业主管部门审查同意并转报审批机构批准以后，合营各方才能进行以可行性研究为中心的各项工作，并在此基础上商签合营企业协议、合同、章程等。项目建议书按投资总额的多少实行分级审批，审批权限依不同地区、不同项目而异。

②进行可行性研究。可行性研究要解决的主要问题有：为什么要进行这个项目；项目的产品（劳务）市场需求情况怎么样、资源条件如何；项

目建议地点应选在什么地方，产品生产规模多大为宜，采用的生产工艺技术是否先进可靠；项目投资估算和方案比较情况如何，投资盈利水平怎样，各方面的风险有多大等有关因素。所有这些方面，都要在可行性研究中进行调查研究和综合论证，并得出明确的结论和数据。

搞好可行性研究是办好合营企业的关键。如果筹建前没有对合营项目进行详细而周密的调查研究，在项目实施过程中会遇到很多困难和令人措手不及的问题，甚至还会给合营各方带来重大的经济损失。若在筹建前可行性研究搞得较深入、细致，那么合营企业开业后，才会胸有成竹，胜券在握。

③签订举办合资企业的书面文件。可行性报告批准后，合营各方就可商定合同和章程。根据《中华人民共和国中外合资经营企业法》的规定，合营各方签订的合营协议、合同、章程，应报国家对外经济贸易主管部门审查批准。这就说明组织筹建合资经营企业需要有协议、合同、章程等三个基本文件。

合营企业协议，是指合营各方对设立合营企业的某些要点和原则达成一致意见而订立的文件。合营企业协议与合同有抵触时，以合营企业合同为准。经合营各方同意，也可以不订立合营企业协议，而只订立合营企业合同、章程等。

合营企业合同，是指合营各方为设立合营企业就相互权利与义务关系达成一致意见而订立的文件。合营企业合同在三个基本文件中居于中心地位。合同在协议的基础上订立，是协议的具体化，确定化。章程又在合同的基础上制定，是对公众公开的合同内容。因此，合同在三个基本文件中，发挥着承上启下的作用。它是规定合营各方权利和义务关系的文件，我国法律要求它的内容必须完整、具体，具备某些必备条款。

根据《中华人民共和国中外合资经营企业法实施条例》第 14 条的规定，合营企业合同应包括下列内容：

A. 合营各方的名称、注册国家、法定地址和法定代表的姓名、职务、国籍；

B. 合营企业名称、法定住址、宗旨、经营范围和规模；

C. 合营企业的投资总额、注册资本，合营各方的出资额、出资比例、出资方式、出资的缴付期限以及出资额欠缴、转让的规定；

D. 合营各方利润分配和亏损分担的比例；

E. 合营企业董事会的组成，董事名额的分配以及总经理、副总经理及其他高级管理人员的职责、权限和聘用办法；

F. 采用的主要生产设备、生产技术及其来源；

G. 原材料购买和产品销售方式，产品在中国境内和境外销售的比例；

H. 外汇资金收支的安排；

I. 财务、会计、审计的处理原则；

J. 有关劳动管理、工资福利、劳动保险等事项的规定；

K. 合营企业期限、解散及清算程序；

L. 违反合同的责任；

M. 解决合营各方之间争议的方式和程序；

N. 合同文本采用的文字和合同生效的条件。

合营企业合同的附件与合营企业合同具有同等效力。

由于合营企业合同涉及的内容、范围各不相同，故合同的内容不仅限于上述各项。在实践过程中，只要不违反法律、法令的有关规定，合营各方可以视具体情况，协商增加其他内容。但不能把只有国家机关才有权做出决定的事项列入合同。这样的内容本身是无效的，审批机关应予以删除。

合营企业章程是指按照合营企业合同规定的原则，经合营各方一致同意，规定合营企业的宗旨、组织原则和经营管理方法等事项的文件。

根据我国法律，合营企业章程应包括如下内容：

A. 合营企业名称及法定地址；

B. 合营企业的宗旨、经营范围和合营期限；

C. 合营各方的名称、注册国家、法定地址、法定代表人的姓名、职务、国籍；

D. 合营企业的投资总额、注册资本、合营各方的出资额、出资比例、出资额转让的规定，利润分配和亏损分担的比例；

E. 董事会的组成、职权和议事规则，董事的任期，董事长、副董事长的职责；

F. 管理机构的设置、办事规则，总经理、副总经理及其他高级管理人员的职责和任免办法；

G. 财务、会计、审计制度的原则；

H. 解散和清算；

I. 章程修改的程序。

合同和章程经中外投资各方授权代表正式签署后，按项目建议书同样手续、程序报批。合营企业协议、合同和章程经审批机构批准后生效，其修改亦如此。审批机构和登记管理机构对合营企业合同章程的执行负有监督、检查的责任。

申请设立合营企业，由中国合营者向审批机构报送下列正式文件：

A. 设立合营企业的申请书；

B. 合营各方共同编制的可行性研究报告；

C. 由合营各方授权代表签署的合营企业协议、合同和章程；

D. 由合营各方委派的合营企业董事长、副董事长、董事人选名单；

E. 中国合营者的企业主管部门和合营企业所在地的省、自治区、直辖市人民政府对设立合营企业签署的意见。

上列各项文件必须用中文书写，其中第二、三、四项文件可同时用合营各方商定的一种外文书写，两种文字书写的文件具有同等效力。审批机关在收到上述文件的90天内决定是否批准。

（4）筹建公司组织，领取营业执照

合营企业经审批机关批准后，在收到批准证书之日起30天以内，应根据《中华人民共和国中外合资经营企业登记管理办法》的规定，凭批准证书向省、市工商行政管理机关申请注册登记，领取营业执照。营业执照的签发日期即为该合营企业的成立日期。

4. 吸收外国直接投资之二：中外合作

中外合作经营企业（以下称合作企业）是指外国公司、企业、其他经济组织或者个人，同中国的企业或者其他经济组织，按照《中外合作经营企业法》及配套法规的规定和各方当事人所签订的合作经营合同的约定，经中国政府批准，在中国境内举办的企业。它是一种契约式的合营，是建立在合同基础上的中外合作经营组织。

合作企业是一个独立的经济实体。凡是具备法人条件，可以取得法人资格的，是法人式合作企业，与合营企业的法律地位相同。不具备法人资格的合作企业，是非法人式合作企业。法人式合作企业一般都采取有限责任公司的形式，以企业的全部资产承担有限责任，而中外双方的具体比例则在合同中由双方共同约定。非法人式合作企业即是指中外双方不以货币形态按一定比例认股出资，不设立具有独立法人资格的经济实体，合作各方仍以自身独立法人资格享有对各自财产的所有权。

(1) 设立程序

合作企业的设立审批程序比合资企业简单。依照法律规定，合作企业的审批机关是国务院对外经济贸易部门及国务院授权的部门和地方政府。合作企业只有经过审查批准机关批准才可正式成立。审批机关主要是对中外合作者签署的协议、合同、章程等文件进行审批。审批机关在接到申请之日起45天内应给予批复，并把是否批准的情况及理由通知申请者。具体程序一般是：

①由中方合作者向有关机关报送设立合作企业的申请书；

②申请书批准后，合作各方进行该项目的经济、技术可行性研究（小的项目可结合谈判、签订合同进行）；

③可行性报告完成后，进行谈判和签订合同、章程；

④由中方合作者向审批机关报送设立合作企业的申请书及需要批准的文件，包括可行性研究报告、合同、章程及正副董事长、正副主任、董事、委员会的人选名单等。

审批机关经审核认为文件齐全、内容合法、公平合理，符合国家经济发展要求的，即予以批准，并颁发批准证书。合作企业自接到审批机关的批准书之日起30天以内，向企业所在地的工商行政管理机关申请登记，领取营业执照。合作企业的营业执照签发日期，即为该企业的成立日期。合作企业应当自成立之日起30天内向税务机关办理税务登记。外国合作者另需以自己的名义到工商行政管理机构进行登记。

合作各方在合作期限内，要依照法律规定和合同约定履行自己的义务。若出现特别情况，经双方协商一致，在不损害国家、集体和第三者利益的前提下，可以对合作经营合同做出修改、变更，但应报原审批机关批准，变更内容涉及法定工商登记项目、税务登记项目的，应向工商局、税务局办理变更登记手续。

(2) 合作经营合同

合作经营企业的性质，决定了合同在该类企业的设立及经营中起着极为重要的作用。合作经营合同是合作企业最基本、最主要的法律文件，是合作各方当事人权利义务的依据。可以说，合作经营合同是企业存在的基础，是企业一切约定和行为规则的准绳。我国立法尚未对合作经营合同的基本内容做出明确规定。但一般要求合作经营合同具备以下主要条款：

①合作企业的名称、地址、经营项目和范围、规模；

②合作企业的组织形式，法定代表人的姓名、国籍、职务；

③合作各方的名称、注册国家、法定住址、国籍；

④第一届董事会或联合管理机构的组成情况；

⑤合作各方的投资和提供的合作条件；

⑥合作各方投资的交付期限和合作条件的交付、使用日期，以及对此的履行保证；

⑦企业的经营管理方式；

⑧各方收益的分配办法；

⑨投资回收的办法；

⑩财会制度、审计制度；

⑪合作各方对债务、风险及亏损的分担比例和方式；

⑫物资购买办法和产品销售办法，内外销的比例与渠道；

⑬劳动管理、职工工资、福利、津贴及劳动保险制度；

⑭合作的期限及提前终止的条件，合同期满后财产的处置、清算方法及程序；

⑮违反合同的责任；

⑯争议的解决方式；

⑰合同文本的文字及生效条件。

（3）中外合作经营企业章程

建立法人经济实体的中外合作经营企业，中外合作各方必须谈判制定合作经营企业章程。章程是企业组织机构设置、管理制度、经营活动原则赖以建立的法律文件。

中外合作经营企业章程至少应包括以下内容。

①合作经营企业的名称和法定地址；

②合作经营企业的宗旨、经营范围、规模及经营方式、销售市场；

③中外合作各方的名称、注册国籍、法定营业地址，法定代表人的姓名、职务、国籍（外国合作者为个人时，写明其姓名、职业、居住地、国籍等）；

④中外合作各方的出资方式、出资额，各方的责任和权利；

⑤合作期限；

⑥中外合作各方的股权转让，转让条件，审批程序，向第三者转让的条件，合作者的先买权；

⑦投资回收方式，回收期限，资本回收后的债务责任如何分担；

⑧董事会的组成，董事会职权和议事规则，董事任期、董事长和副董事长的产生，董事长的职权、职责；

⑨企业管理机构的设置，总经理和高级管理人员的聘请，他们的职责、待遇及任期；

⑩企业财务、会计、审计制度和统计报告制度；

⑪企业劳动管理、职工工资制度、福利待遇、劳动保险制度等；

⑫合作合同的中止和终止，债务清算程序，财产处理方法，外方资产的汇出；

⑬对外债务的分担；

⑭合同双方纠纷仲裁；

⑮修改章程程序。

（4）签订合作经营合同应注意的问题

①关于各方出资和合作条件的问题。合作企业的资本，就是指合作各

方在企业运行过程中实际运用的各种形式的资本和非物质性财产，包括企业自有的和借贷的资本。而企业自有的资本主要来源于投资各方的出资和提供的合作条件。

合作各方的出资，可以一次性缴清，也可以分次分批缴清，但仍要规定明确的期限。合作各方不按期缴付出资额的，审批机关有权撤销合作企业的批准证书，工商部门有权吊销营业执照或经营登记。合作各方的出资或提供的合作条件，要由中国注册会计师验资并出具验资报告，然后凭验资报告由合作企业发给出资证明书。合作一方如向第三方转让其全部或部分出资或合作条件，必须经他方同意，并报审批机关批准方可生效。

②关于管理机构和经营管理问题。合作企业在批准的合同范围内，享有经营管理自主权，同时也受上级主管部门的监督和指导。合作经营企业在我国有两种不同的管理方式，中外合作各方在签订合同时，应对此做出选择，并做出相应规定。

法人式的合作企业，其组织形式与一般合资企业相同，是有限责任公司。具有法人资格的合作企业一般实行董事会领导下的总经理负责制。在这种情况下，合同应规定董事会的组成，总经理的任命方式及其职权范围。

非法人式的合作企业，以合作各方的名义进行民事和经济活动。不具备法人资格的合作企业一般设立联合管理委员会，由各方代表组成，代表合作各方共同管理企业。联合管理委员会的第一任正副主任，通常由合作各方协商产生，以后各届则可由合作各方委派的委员选举产生。联合管理委员会可以决定任免总经理。总经理执行联合管理委员会的各项决议及交办事项，负责企业的日常经营管理工作。在联合管理委员会的授权范围内，对外代表企业，对内执行委员会决议。合作企业的正副总经理不得兼任其他经济组织的正副总经理，不得参与其他经济组织对本企业的商业竞争。另外，非法人式的合作企业经合作各方商定，可委托一方或第三方负责管理。但依照法律的规定，委托中外合作者之外的第三方管理的，必须经联合管理机构一致通过，并报审批机关批准，还要向工商局登记或办理变更登记手续。不论采用哪一种方式，都必须将管理机构以及负责人的任命及其职责范围在合同中明示。

③关于合作经营利润的分配与资本回收问题。合作企业的基本特点是合作各方的权利和义务的分配以合同的规定为准。因此，中外各方应在合同中明确利润分配的比例，这可以根据各方投入等具体情况予以商定。至于分配方式，是按利润分成的办法进行、按产品分成的方式进行还是按其他方法进行分配，也应在合同中加以明示。一般以合作经营的总收入扣除成本支出和缴纳国家税收后所得的纯利，按商定的比例分成。在合同中不能有类似“届时由双方商定”“尽力争取”等含混条款，须在合同中事先讲清，避免分配利润时发生纠纷。

关于资本回收问题，中外合作者在合作企业合同中约定合作期满时，合作企业的全部固定资产归中国合作者所有的，可以在合作企业合同中约定外方合作者在合作期限内先行回收投资的办法。合作企业合同约定外国合作者在缴纳所得税前回收投资的，必须向财政税务机关提出申请，由财政税务机关依照国家有关税收的规定审查批准。外方合作者在合作期限内先行回收投资的，中外各方合作者应当依照有关法律的规定和合作企业合同的约定，对合作企业的债务承担责任。

合作企业的合作各方可以在合作期限内回收投资原有资本。中外方投资者提前回收投资的方式主要有以下几种。

A. 通过固定资产折旧方式让外方逐年从成本中摊提固定资产折旧费。摊提折旧费有两种方法：一是按合作期限不留残值地均摊；二是短于合作期限，加速摊提折旧费。加速折旧的应提出申请，经当地税务部门审核后，逐级上报财政部门批准。

B. 分配利润时扩大一方的分配比例，让外方多得利润，并从中回收投资，待外方投资回收完毕，再按新的比例分配。或者在产品或营业收入分配中，增大外方分配比例，让外方提前收回投资，待外方投资回收完毕，再按新的比例分配。

C. 从营业收入中取出一定比例的现金，归还外方银行贷款的本息，使外方投资者的借款本息得到偿还。从而也就使外方投资的原有资本得到提前回收。

D. 通过向合作企业免息贷款的方式，提前回收投资。

上述办法可单独使用，也可结合使用，但一律由合作各方依照法律和

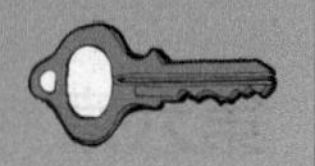

各方的出资及合作条件，事先在合同中约定。一方面要保证企业的正常运行、经营；一方面要照顾外方利益，使其投资能较快地和相对稳定地回收。合同中约定外方提前回收投资的，必须注意以下几个问题：第一，应当约定合作期满后，合作企业的全部固定资产归中方合作者所有。第二，合同约定外方合作者在缴纳所得税前回收投资的，必须经我国财税机关审查批准。第三，投资回收后对合作期满前出现的亏损和风险，要继续承担责任。第四，要根据合作各方从企业中分得收入的比例来承担风险及亏损。第五，用摊提固定资产折旧费方式回收投资的，外方合作者应提供相应的银行担保。

④合作企业的外汇管理问题。合作企业应当凭营业执照，在国家外汇管理机关允许经营外汇业务的银行，或者其他金融机构开立外汇账户。合作企业的外汇事宜，依照国家有关外汇管理的规定办理。

合作企业应当自行解决外汇收支平衡。合作企业不能自行解决外汇收支平衡的，可以依照国家规定申请有关机关给予协助。合作企业符合国家规定的贷款条件的，可以向中国银行申请固定资产贷款、流动资金贷款、现汇抵押贷款、备用贷款。贷款分为本币和外币两类。合作企业之间、合作企业和中外合资经营企业、外资企业之间，在外汇管理部门的监管下，可以互相调剂外汇余缺。生产性合作企业达到外汇收支平衡暂时有困难的，可以在一定期限内申请购买国内产品（国家规定统一经营的商品除外）出口，以解决本企业的外汇收支平衡。

股票融资：企业持久稳定的资金源

股票是股份公司为筹集资金发给股东作为投资入股的证书和索取股息的凭证。股票因其持久性和稳定性而成为企业筹集长期资金的一个重要工具。在我国向社会主义市场经济的转轨进程中，企业股份制改革随着其经营体制的转换而不断深入和发展。股票融资越来越受到企业的重视。股票市场，特别是股票流通市场的迅速扩大，为企业融资提供了方便的场所，并为企业提供了持久而稳定的资金源。

一、股票的发行：融资的实现

股票是股份公司为筹集资金发给股东作为其投资入股的证书和索取股息的凭证，也是持股人拥有企业股份的书面证明。股份公司发行各种股票以迎合投资者的需要，同时筹集巨额资金。股票可以随时转让，进行市场交易，即股票持有人随时可以卖出股票换成现金或其他实物等。

1. 股票发行的目的

股票的发行就是公司股票的出售过程。在大多数情况下，股份公司发行股票是为了筹措资金，但有时也有其他目的，主要的目的有以下几个方面。

（1）为筹措资金而发行股票

这又包括四个方面：其一，发行股票以获得公司成立的初始资本。为了某项建设事业，或举办某项工程而创建新的股份公司，就必须发行股票，从股票认购人那里筹集资金。通过股票认购人的缴款，股份公司才能正式成立，并开始它的事业。其二，为购买设备以扩大公司规模，这是较常见的筹资目的。其三，为筹措周转资金。在扩充设备或金融形势坚挺时，这种筹资就增加。其四，为归还银行借款改善资本结构，以保证公司资本与负债的适当比例。在经济高涨时，公司往往通过贷款进行设备投资，一旦金融形势紧迫，或企业为了恢复合理的财务结构，就要增资以还债。

（2）为谋求与某公司或某人协作，将他们吸收为股东而发行股票

新股票只发行给这些人，比如公司为扩大产品销路而让经销商成为股东就属于这种情况。

（3）为了维护公司的经营支配权，防止兼并而发行股票

资金过小的公司为了防止其他公司通过收购本公司股票实施兼并而增

加资金，就属此类情况。

(4) 为了股东的直接利益而增资发行股票

这是将公司积累金中应当属于股东的再评价积累金或时价发行积累金，通过发行股票依次地、无偿地交付给股东，股东因此得到溢价。

(5) 为扩大债券的发行而增资

由于各国公司法都规定发行公司债券的额度是股东和准备金的合计数，所以为了扩大这一额度，就得增加资本。

(6) 为本公司具备股票上市条件而增资的股票发行

股票在交易所上市的条件之一是具有一定的股本，在上市基准变更时，为了满足上市条件而增加资本。

(7) 为提高公司的信用而增加资本的股票发行

股份公司股份资本的大小最能直接反映出该公司的规模。在其他条件不变的情况下，股份资本越雄厚，则公司的信用就越好，这对于该公司向银行借款或发行公司债券都是有利的。因而公司虽然没有迫切的需要，往往也会发行新股。

(8) 为收购其他公司而发行新股票

这同前述小公司为防止其他公司的收购和兼并而发行股票以增资的道理类似。

2. 股票发行的方式

股票的发行按是否限制认购人的范围，可分为公募发行（即公开发行）和定向发行（不公开发行）；按是否经过承销机构代理发行，可分为直接发行和间接发行；按在发行股票时是否收取股金，可分为有偿增资，无偿增资和有偿无偿并行增资发行三种方式。

(1) 公募发行与定向发行

股票的公募发行是指公司向社会公众招股，不以任何特定人为发行对象。定向发行是指不向社会公众招股募集，只向公司内部和与公司有关系的第三者发行募集。前者是发行股票募集资金最常见和最主要的形式。

(2) 直接发行与间接发行

股票的直接发行指公司自己直接销售股票，担负发行股票的全部责任和风险。股份公司直接发行股票，是由发行人在投资银行的帮助下选定投资者，投资银行只在其中充当代理人角色，在投资者与发行人之间斡旋，促使双方尽可能成交，投资银行从中领取服务费。直接销售往往具有省时、省力和节省发行费用的特点，但其关键性的问题是发行股票所筹集的资金有限，股票的持有人集中，发行人不易在市场上购回其发行的股票。

一般情况下，股份公司主要采取间接发行方式发行股票，即把发行手续委托给承销商办理。承销商可以是一家承销机构，也可以是多家承销机构。在美国，90%以上新发行的股票都是以这种方式发行的。承销可分为三种方式。

第一种，代销。即股份有限公司或发起人自己承担股票发行风险，只是将股票公开销售事务委托给承销商办理。在这种方式下，承销商只是作为股票发行者的代理机构，答应按照发行者委托的价格尽可能地推销股票，销多少算多少，期满销不出去剩下的股票仍退还发行者，其发行风险由发行者承担，承销商不承担任何风险，只收取手续费和其他有关费用。这种方式在西方证券市场上很少见。

第二种，助销，也称余额承购或余股承购。即证券商按照与发行者签订的公开募集承销合同，保证当股票不能全部承销出去时，对于未出售的部分，将由承销商全部买下。在这种方式下，承销商承担部分股票发行的风险，使发行者转移部分风险，也降低一些股票发行费用。助销方式在西方较代销方式普遍。

第三种，包销。即承销商先以自己的名义买下发行者的全部股票，并垫支相当于股票发行价格的全部资金，再于适当时机将所购股票全部上市。不过在这之前，一般要由承销商对发行股票的公司进行资信调查和充当顾问。当承销商认为公司发行股票的各方面条件适合自己的业务需求时，才与发行股票的公司签订包销合同。在这种方式下，承销商一般以略低的价格从发行者手中买进股票，然后再以较高的价格向投资者售出。售卖价与购买价之间的差额构成承销商的收入，再减掉发行费用后，即为承销商的包销利润。采用这种方式发行股票，发行者不仅可以及时得到资金，还不必担心股票能否卖得出去，股票销售风险完全由包销商承担。对发行者不利之处是，给承销商的价格较低，实际上是支付了较多的发行成本和风险成本，而且也无法得到可能出现的溢价销售的好处。这种发行方法在西方较代销和助销都更为流行，是股票发行经常采用的一种主要方法。

(3) *有偿增资发行、无偿增资发行与有偿无偿并行增资发行*

①股票的有偿增资发行。股票的有偿增资发行，指投资人按股票票面金额或股票市场价格用现金或实物购买股票。有偿增资发行又分为三种具体做法。

第一种，股东配股。即以本公司原股东为发行对象，按照一定比率(比如按旧股一股摊配新股一股，或按旧股若干股摊配新股一股) 赋予新股认购权而准其优先认购新股的方法。股东也可以将这一认股权转让。其目的在于保障股东能够按比例地保持对企业的控制权，并在股票市价看涨的情况下，能使老股东在转让股票认股权的过程中获取一定利益。这种方法在西方各国股票市场不发达的时期经常采用，它实际上是一种定向发行，随着股票市场的发展，公募发行方式逐步取而代之，成为股票发行的主要方式。

第二种，第三者配股。即公司对本公司的职工，尤其是高级职员或公司的顾客、往来银行等友好关系的特定人赋予新股认购权，允许他们在特定时期内，按规定价格优先购买一定数量股票的一种做法。它通常在以下两种情况下被采用。一是公司如果按股东配股的方法出卖股票，可能前来认购的股东较少，而按公募的方法会遇到销售困难，费时费事还增加了发行成本，因此将股配与职工。二是相反的情况，公司发行的股票价格偏高，公司按酬劳股的名义配与职工以表示关怀。

第三种，公募发行，即通过承销机构发行。公募发行方式能扩大资金筹集额度，增强股票的流通性。同时以公众投资者为推销对象，能使股票的持有人众多而且分散，不致集中于少数大户手中，有利于提高公司的社会性。公募发行时，公司的股东和职员也可以参加认购，但股东和职员的过多认购，会改变公募的性质，所以法律对其认购的比例有一定的限制，原则上大股东的认购额不得超过发行额的20%，职工的认购不得超过30%。

②股票的无偿增资发行。股票的无偿增资发行，指公司股东不向公司缴纳现金或实物，无代价地取得公司发行股票的一种增资做法。实际上是靠减少本公司公积金的积累或盈余结存将之转变为股份，按比例无偿地发给原股东。公司采取此种做法发行股票，目的不在筹集资金，而在调整公司资本结构，增大公司的社会信用与公司股东的信心。无偿增资发行在西方国家常见的做法有以下两种。

第一种，法定公积金转作资本配股。法定公积金是依据公司法的规定从纯利润中按一定比例必须提存的资金。法定公积金可以转化为资本，也可以用来弥补亏损，但不能作为红利分派。公司以法定公积金转作资本配股的方法发行股票，必须按原股东持股比例分配。这种做法和股票派息的做法相似。

第二种，股票派息，也称股票分红。公司将应该分派给股东的盈利转入资本，相应地发行新股配给股东以代替现金派息的一种增资办法，它有以下好处：一是使现金派息应流出的资金保留在企业内部；二是股东取得了和参与分配盈利同样的效果，而且还可以免缴个人所得税；三是派息的股票由于按面额计算，市场价格偏高时仍具有增派股息的效果，而且派息的股票更有增加将来派息的希望。英、美等西方国家的股份有限公司经常采用这种做法分配股息。

③有偿无偿并行增资发行。有偿无偿并行增资发行指公司在发行新股配与股东时，股东只需交纳一部分现款即可得到一定量的新增股票，其余部分由公司公积金充抵的做法。例如，股东用40元买入公司新发行的面额100元的股票，这100元股票中的60元即为无偿部分，是由公司的公积金转移过来的。这种方式有催促缴纳股款的作用。

以上各种方式，公司在发行新股时可以只采取一种，也可以几种同时并用，一般要根据公司的实际情况而定。

3. 股票的投资者

投资者分为法人和自然人。自然人包括国内外以个人身份购买股票的投资者。法人投资者主要指各类机构投资者，主要有以下几种。

(1) 以法人为代表的各种企业

主要是股份公司。股份公司不仅是股票发行者，也可以是股票投资者，尤其是当一个股份公司计划吞并其他公司时，就会大量购进其他公司的股票。因而在发行市场上主体与客体得到了统一。

(2) 各类金融机构

主要是投资银行、保险公司等各种银行或非银行金融机构，都从购进股票中获取利润，是股票发行市场上的重要投资者。当然，不少金融机构本身又可能同时充当着股票发行中介的角色，因而在发行市场上客体与中介也有可能是统一的。

(3) 各种非营利性团体

主要是各种基金会，尽管这些团体是非营利性的，但它们可以通过购买股票达到保值或增值的目的。

(4) 外国公司、外国金融机构以及国际性的机构和团体等

在股票市场上，外国公司、金融机构以及国际性的机构与团体，也可以购买一国的股票，从而成为股票的投资者。

4. 股票的承销者

股票的承销者即股票承销商，是指经营股票承销业务的中介机构，承担股票承销与资金交流的任务。它是股票发行机构的枢纽，直接关系到股票发行市场的成败。主要有投资银行、信托投资公司、证券投资公司等。

股票承销商主要办理上市股票的分散股权销售，包括包销股票、代销股票两种。在代销制下，股票承销商只负责代销手续，并不保证股票全部售出；在包销制下，股票承销商则必须担负完全出售股票的责任，股票承销商的收入为承销手续费及收到投资人申购价到退件期间的利息收入。股票承销商有如下几种类型。

(1) 证券公司

证券公司在证券市场中占有重要地位，为发挥证券公司的积极作用，

各国都对证券公司的成立和经营严加管理。证券公司成立要具备法定的资本额；同时，从业人员要具备从事证券业务的知识、经验和良好的社会声誉。为保护投资者利益，法律一般规定下列基准监督证券公司的财务：

①负债比例基准，主要目的是为使证券公司的负债保持在合理的范围内，确保支付能力。证券公司的负债合计金额对纯资产额的比率，一般规定不能超过10倍。

②资产持有状况基准。因证券价格和交易量的变动激烈，证券公司会受到很大影响，这样，证券公司的损益的变动就比其他行业大。从谋求证券公司经营的稳定性出发，一般都强制规定一些准备金基准。

证券公司主要经营证券的发行业务和买卖业务及其他一些证券有关的业务。发行业务可分为包销业务和代销业务两大类。买卖证券业务可分为自己买卖和代客买卖两大类。此外，证券公司还为证券投资者提供其他内容的服务项目。如免费为证券投资者保管股票刊债券；向买卖证券的客户提供贷款或租借证券；为客户免费提供研究报告和其他信息资料等。

(2) 投资银行

国际上所谓的投资银行跟我国的投资银行和建设银行不同，它不经营一般的银行存贷业务，而专指主要经营证券业务的金融机构，因此投资银行的主要业务同证券公司基本一致。但他们还从事诸如项目融资、公司财务咨询和风险投资等证券公司不从事的业务。

(3) 信托投资公司

凡经营信托业务和证券业务的金融机构就是信托投资公司。其从事的主要业务有信托业务、投资业务、授信业务和其他业务，而承销和买卖证券业务便是其投资业务的主要内容。

5. 股票的发行价格

要了解股票的发行价格首先必须了解股票的价值。

(1) 股票的票面价值与账面价值

所谓股票的票面价值，是指股票票面上标明的金额。绝大多数股票都是有面值的。有些公司在发行股票时，不在票面上标明面值，但在招股书上却一定要注明面值是多少。面值的主要功用是确定每股股票在公司资本额中所占的比例。例如，某公司发行股票的总面值为 10 万元，每股股票正面注明面值为 10 元，那么，一股股票就代表该公司的万分之一。这样，就能确定每股股票所代表的所有权、表决权及股利分配权的大小也分别为万分之一。另外，股票面值并不表示股份公司在破产清理时能按面值退还给股东现金或价值相等的财物，因为股票面值普遍不等于公司的实际资产。

那么股票为什么还要确定面值呢？主要是因为：

①使发行公司在出售股票时，能获得公正的价格；

②防止那些同公司内部人员有联系的投资者，以较低的价格获得新股票；

③使股票买卖交易中，有一个可供参考的起售价值。

至于发行公司如何确定股票面值，至今没有一个准确的计算公式。总的原则是根据公司所需资金、公司发展前景、股票需求者的分散情况等因素，还要考虑税收问题。若按票面价值的大小征税，就把股票的面值定得低一些。

所谓股票的账面价值，是指每股普通股股票所表示的公司实际资产。这个指标常被股票分析家及其他人员用来分析股价。股票的账面价值可用下列公式计算：

$$V_a = \frac{T - P}{NC}$$

式中，V_a——股票的账面价值；

P——优先股票的总面值；

T——公司全部资产减去负债后的净值；

NC——普通股的总股数。

对于经营状况好、财务健全的公司，其账面价值必会高于面值，若账面价值每年提高，就表示此公司的资本结构越来越健全。但需注意账面价值的提高并不表示公司股票市场价格也会提高，事实上账面价值常会不等于市场价格，所以现在许多投资者，不怎么关心股票的账面价值，而更关心公司盈利的可能性。

（2）股票的清算价值与内在价值

股票的清算价值是指股份公司破产、关闭清算时，每个股份代表的实际价值。在理论上，当公司清算时，资产的实际销售金额，应与财务报表上反映的资产账面价值一致，每股股票的账面价值与股票清算价值也应该一致。但在大多数情况下，每股股票的清算价值会小于股票账面价值，因为公司大多数资产只有压低价格才能出售，也有个别公司的股票清算价值高于其账面价值。股票清算价值也是投资分析时要用到的概念，不过使用的情况不多，只在股票发行公司将要破产（关闭）或已破产（关闭）时，才用来评定股票的价值。

股票的内在价值是指在交易某一时刻，股票所真正代表的价值，是一种理论价值。分析家认为股票的内在价值决定了股票的市场价格。

计算股票的内在价值有许多方法，但这些方法都是以未来的收入折成现值。现值即未来款项的今天价值。这里介绍两种内在价值的计算方法。一种是用每股的现值来代表股票的内在价值，其计算方法是：

$$每股现值=\frac{每股的现金红利}{贴现率-红利的增长率}$$

或

$$每股现值=\frac{每股的现金红利}{收益率-红利的增长率}$$

另一种计算股票内在价值的方法是“基本经济情况分析法”。这一分析法首先研究发行公司基本的财务和经营资料，包括销售额、收益情况、产品质量和竞争力、劳资关系、原材料来源等，在此基础上再研究两组数字。

①正常的每股收益。其方法是用公司的税后净收入除以已发行在外的股份数。

②价格与收益比率。其方法是将该公司股票的每股价格除以按市场利率计算的每股收益，即：

$$价格与收益比率=\frac{股票价格}{按市场利率计算的每股收益}$$

然后即可用下列公式计算股票内在价值：

$$内在价值=正常的每股收益\times价格与收益比率$$

例如，某公司税后净收入为240 000元，发行股票20 000股，股票价格102元，市场年利率10%。

$$正常的每股收益=\frac{240\ 000}{20\ 000}=12\text{元}$$

$$价格与收益比率=\frac{102\text{元}}{102\text{元}\times10\%}=10$$

$$内在价值=12\text{元}\times10=120\text{元}$$

此例说明该股票内在价值120元，高于股票市场价格102元，股票价格还有上涨空间。

股票的发行价格，即是指股票发行时的行市。当股票的发行公司计划发行股票时，就需要根据当时的情况（包括发行股票公司自身的情况和证券市场的情况）确定发行的具体价格，以利进行股票的推销。

（1）面额发行

股票上注明一定金额者，称为面额股票。面额发行即是按股票券面上的金额发行，亦称等价发行。例如股票面额100元，发行价格也为100元，股票的面额发行是股票发行的基本价格。面额发行的优点是，发行费用低。因为发行价格是按面额确定，不受市场波动的影响，比较适用于新成立公司的首次发行。其缺点是，缺乏市场性。如发行公司获利高时，推销就比较容易。当企业知名度、资信级别、获利性都较低时，只能视承销商的推销能力，来决定股票能否顺利发行出去。

（2）时价发行

时价发行多发生在公司发行新股时。即指公司发行新股以当时（某一天或某一个月）股票市场上旧股的价格水平作为基准价格，其发行价格一般低于基准价格5%～10%左右。按时价发行有两种情况，一是按时价发行的面额股票；二是按时价发行的无面额股票。

以时价发行，对于发行公司来讲是一条以低成本筹集资金的有效途径。如果发行公司能以高于股票面额的价格将新股票发行出去，那就是说该公司以较少股票获得了所需资金，就能使公司减轻股息负担。当然能以

什么样的价格水平发行股票，不是以人们主观意志决定的，这要看发行公司的资信情况和发展前途。不顾实际情况，盲目地将股票发行时价定得过高，一旦股价下跌，就会给股东造成损失，也会影响发行公司本身的声誉。所以说，对时价发行股票，需要持十分慎重的态度。对于无面额股票的时价发行，完全可以随市场价格变动而定，不涉及时价的计算，但有一条不能突破，那就是不得低于公司的账面价格。

按时价发行，在时价与股票面额之间有一差额，称为溢价。通过时价发行而得到的“溢价”这个好处，应为股东享有，列入特别基金，待时，以无偿方式交付给股东。

（3）中间价发行

即以时价与股票面额的中间价作为股票的发行价。采取此价，不改变原有股东的构成，通常是在以股东分摊形式发行股票时采用这种方法。采用此种方法发行，也不需要支付手续费。但需经股东大会特别决议认可批准。

（4）折价发行

即以低于股票面额的价格发行，这个折扣打多少，由发行公司与承销商具体协商。一般情况是，发行公司声誉高、业绩好、发展前景好，打的折扣就小，反之，打的折扣就要加大。

6. 股票发行的一般程序

依照国际惯例，企业股票的发行，均应按一定的程序进行。

①股票公开发行日三个月以前，企业应联合并委托财务顾问、律师、申报会计师、资产评估师以及有关的证券中介人、股份过户登记处等中介机构或咨询机构进行有关的准备工作；

②股票公开发行日两个半月以前，企业应草拟出招股章程；

③股票公开发行日两个月以前，企业应完成中期企业资产核实报告；

④股票公开发行日二十五日以前，企业应将招股章程报送证券发行交易主管部门评审；

⑤股票公开发行日十六日以前，会计师验资报告及资产评估报告应完

成并定稿；

⑥股票公开发行日十日以前，证券发行与交易主管部门核准企业招股章程，企业制定发行后的盈利预测；

⑦股票公开发行日九日前，企业招股章程以及其他有关的法律文件应印制完毕；

⑧股票公开发行日八日前，举行公司董事会会议：批准上市申请，批准发行价；

⑨股票公开发行日七日前，企业向证券交易所正式申请上市；

⑩股票公开发行日三日前，再次举行公司董事会会议，批准及签署招股章程及申请报表，签署包销协议，举行新闻发布会；

⑪招股章程及申请表格可供公众人士自由索取。于报章刊登招股章程及有关资料概要的广告，开始股票的公开发行；

⑫公开发行五日后，开始办理申请认购手续；

⑬公开发行六日后，停止办理申请认购手续，兑现股款。获准于证券交易所上市；

⑭公开发行七日后，公布发行新股的配股结果及配发股份的基础；

⑮公开发行八日后，寄发退款支票及认股不获接纳的通知书。支付认购款项给发行公司；

⑯公开发行股票九日后，寄发股票；

⑰公开发行股票十四日后，股票开始买卖。

以上是国际惯例发行股票的一般程序，我国有关企业在进行公开发行股票时，可以借鉴和参考。

我国股票发行的具体步骤如下。

其一，董事会决议，获得通过后，才申请发行股票。

其二，向主管机关即中国人民银行提出申请。由于中国人民银行对企业发行股票实行统一管理，分级审批，所以企业应先向开户银行申请，待开户银行进行初审签署意见后，再按规定报请分管的上级中国人民银行审批。

企业向银行提出申请时，应提交各种供审查的文件。这些文件主要是：发行股票申请书；政府主管部门同意设立或同意改组为股份有限公司的批准文件；股份有限公司章程；股票发行章程（即招股章程）或发售股票说明书；营业执照副本及本公司发起人认购30%以上股份的验资证明文件；经会计师事务所或社会审计组织核准的上两个年度和上一个季度连续盈利的财务报表（新建公司除外）；以及证券主管机关认为需要报送的其他文件。其中最重要的是股票发行章程或发行股票说明书。

为了保护投资者的利益，便于投资者分析和选择，发行公司应在说明书中载明：发行公司名称、地址及法定代表人；发行公司的经营范围、资本构成、近三年来的资产负债表及经营情况（新建公司除外）；本次发行股票的种类、范围、总金额、股数、每股金额及发售价格；本次发行股票的目的、用途及经济效益预测；公司发展前景展望；公司董事会的构成、成员名单及简历；如增资发行应明确增资种类及方法；股票承销机构的名称、地址及承销金额、承销方式；股票正式发售的起止日期；股票购买者的权利和义务，以及其他需要说明的问题。

经人民银行批准发行的股票，按采取公开发行还是定向发行，是直接发行还是间接发行，要求有不同的步骤。

如果是企业直接定向发行股票，则需采取如下步骤：

①公司凭银行批准书向指定发售银行购买银行统一印制的内部股票，或自行设计经人民银行审核批准后印制；

②内部股票上加盖企业公章和法人代表印章；

③公告认购办法及收款日期、地点；

④收款日收款时发给股票；

⑤发行结束后向银行填报实收股金报告表；

⑥按验证注册资金的规定办理验资，并办理注册资金的工商变更登记。

如果是公司委托金融机构发行股票，则需如下步骤：

①凭人民银行批准书向指定发售银行购买由银行统一印制的内部股票，或公司自行设计经人民银行审核批准后印制；

②内部股票上加盖企业公章和法人代表印章；

③公告认购办法及收款日期、地点；

④与金融机构签订委托代理协议，并将股票如数点给代理机构；

⑤收款日由金融机构派人到企业（或约定地点）收款并发给股票；

⑥代理人发行结束后，将股款按协议划入验资专户；

⑦经银行对所收股金进行验资并出具验资报告和资信证明后，由企业凭此向工商行政管理部门办理工商登记；

⑧验资后，验资银行即将收入验资专户的股金划入企业账户；

⑨企业向银行填报实收股金报告表。

如果是公司向社会公募发行股票，必须委托金融机构办理，具体步骤如下：

①与金融机构签订委托代理协议，订明委托事项；

②印刷认股书及股票临时收据；

③公告认购办法及收款日期、地点，认购和收款可以分成两步，也可并为一步，由企业自定；

④必须充分考虑认购收款额不得超过批准发行的额度；

⑤凭认购书限期缴款，对认购少于限额或认购后逾期未缴款的，其未发完的部分，可以有控制地限期补足，但一般以3个月为限；

⑥缴款期限结束后，银行将所收股款划入公司验资账户，待验资后再划入公司账户；

⑦企业向银行填报实收股款报告表；

⑧筹备召开股东大会，选举董事、监事；

⑨召开董事会，选举董事长、副董事长及常务董事；

⑩筹备召开股东大会的同时，按人民银行规定的要求设计股票，在企业法人代表产生后，将法人代表签章列入股票，完成股票设计；

⑪股票须经人民银行审定盖章后，才能由印刷厂付印；

⑫待股票印妥并由企业盖齐公章及法人代表私章后，再公告认股人将临时收据换取正式股票，使用息折的股票同时发给息折。

二、上市与交易：股票融资的最大化

股票上市，对于发行公司而言，主要有以下几个优越性。

一是有利于广泛大量地筹资。较不上市的股票而言，上市股票有较高的市场流通性，更容易变现，因此，对投资者更有吸引力。同时，由于证券交易所能为上市股票提供连续的市场，因此，能降低公司增资时的股票发行成本。

二是有利于提高公司的知名度。公司股票的上市要经过严格的审查，只有符合标准的才能准许上市。因此，股票上市本身就是对发行公司信誉的最好评价。同时，由于上市股票及发行公司每天都要在电台、报纸等媒体上露面，因此，上市股票还有很强的广告效益，有利于公司知名度的提高。

三是有利于公司改善经营管理，健全公司财务制度，提高经营水平。公司股票上市后，股票价格与公司的经营情况紧密地联系在一起。同时，公司的财务制度必须要健全，财务报表等有关资料还要定期向公众公布，从而形成了社会公众监督机制，有利于公司经营管理水平的提高。

1. 股票上市的条件

股票上市条件，是证券交易所对申请上市的公司所做的规定或要求，只有符合这些规定和要求，股票才能获准上市交易。

根据我国有关规定，我国企业股票上市必须符合下列条件。

首先，股票发行者必须是具有股票发行资格的股份有限公司，包括已经成立的和经批准拟成立的股份有限公司。

其次，根据不同情况，对股票发行者应具备的条件有不同要求。

设立股份有限公司申请公开发行股票，应符合下列条件：

①生产经营符合国家产业政策；

②发行的普通股限于一种，同股同权；

③发起人认购的股本数额不少于公司拟发行股本总额的35%；

④在公司拟发行的股本总额中，发起人认购的部分不少于人民币3 000万元，但国家另有规定的除外；

⑤向社会公众发行的部分不少于公司拟发行股本总额的25%，其中公司职工认购的股本金额不得超过拟向社会公众发行股本总额的30%；公司拟发行的股本总额超过人民币4亿元的，证监会按照规定可以酌情降低向社会公众发行部分的比例，但最低不少于公司拟发行股本总额的10%；

⑥发起人在近三年内没有重大违法行为；

⑦证券委规定的其他条件。

原有企业改组设立股份有限公司申请公开发行股票的，除了应具备上述7条外，还应符合下列条件：

①发行前一年末，净资产在总资产中所占比例不低于30%，无形资产在净资产中所占比例不高于20%，但是证券委另有规定的除外；

②近三年连续盈利。

定向募集公司申请公开发行股票的，除了符合上述所有条件外还应具备下列条件：

①定向募集所得资金的使用与其招股说明书所述的用途相符，并且资金使用效益良好；

②距最近一次定向募集股份的时间不少于12个月；

③从最近一次定向募集到本次公开发行期间没有重大违法行为；

④内部职工股权证按照规定范围发放，并且已交国家指定的证券机构集中托管；

⑤证券委规定的其他条件。

2. 股票上市的审批

股份公司申请其股票上市交易，应向证券交易所的上市委员会提出申请，并同时送交下列文件：

①申请书；

②公司登记注册文件；

③股票公开发行的批准文件；

④经会计事务所审计的公司近3年或者成立以来的财务报告和由2名以上注册会计师及其所在事务所签字、盖章的审计报告；

⑤证券交易所会员的推荐书；

⑥最近一次的招股说明书；

⑦证券交易所要求的其他文件。

证券交易所的上市委员会自收到上市申请之日起20个工作日内，应对其申请做出审批。对于审批通过的，要确定具体的上市时间，审批文件报证监会备案，并抄报证券委。另外，被批准上市的发行公司，必须公布其股票上市报告及有关资料，并将其申请文件存放在指定地点供公众查阅。

3. 股票交易的方式

股票交易方式主要有现货交易、期货交易、期权交易和信用交易四种。

(1) 现货交易

现货交易又称为现金现货交易。是指股票交易双方当事人在达成协议后及时对钱款和股票进行清算的交易行为，即通常所说的“一手交钱，一手交货”。现货交易又可具体分为当时交易和即日交易两种形式，前者要求达成协议后的当天办理交割手续；对于后者，一般的交易所都有规定，大多为次日办理交割手续，也有成交后3~5天再行交割的。由于我国股票交易仍处于初级阶段，从稳定股票交易、保障长期投资者利益出发，一般只允许以现货交易方式进行股票交易。

(2) 信用交易

信用交易又称为垫头交易。是指股票交易者按确定的比例将一部分价款或一定数量的股票交付给经纪人，其不足部分由该经纪人向银行贷款垫付而进行的一种股票交易方式。它又可具体分为信用买进交易和信用卖出交易两种形式。

(3) 期货交易

期货交易是指交易双方按交易协议签订日的股票价格作为成交价格，

约定一定时日后进行交割结算的一种交易方式。在交割结算日，如股票价格高于签约成交日时的价格，买方得益，卖方受损；反之，则买方受损，卖方得益。尽管在成交日到交割日的一段时间内，买卖双方都可自由卖出或买回，但必须要承担一项义务，即交割时，买方必须接受所买入的股票，卖方必须交出所卖出的股票。

(4) 期权交易

期权交易又称为选择权交易，是交易双方签订合同，规定期权的购买者在一定时期内的任何时候，以合同规定的价格，向期权的卖出方购买或出卖既定数量的股票。期权交易又具体分为两种：一是买进期权，又称为看涨期权，是指在合同规定的有效期内，期权的买入方有权按合同规定的价格和数量买进某种股票。买方之所以买期权，是因为他认为该种股票价格要上涨，以低价买进、高价卖出，从中获利；二是卖出期权，又称看跌期权，就是指在合同规定的有效期内，期权的买方有权按合同规定的价格和数量卖出某种股票。买方之所以卖期权，则是因为他认为该种股票将来要下跌，通过价格变动从中获利。

4. 股票交易的程序

在证券交易所进行股票交易，其交易程序大致分为以下几步。

(1) 选择证券经纪商

投资者要在证券交易所进行股票交易，首先要选定一家可靠、方便、服务质量好的证券经纪商办理交易手续。

(2) 开户

开户是指股票交易者在其所选定的证券经纪商处开立委托买卖的账户。申请开户者应办理名册登记。个人名册登记的填写内容包括：登记日期、委托人的姓名、性别、身份证号码、家庭住址、职业、联系电话，并留存印鉴或签名样卡，如有委托代理人，委托人还须留存其书面授权书。法人名册登记应提供法人证明，并载明下列内容：法定代表人及证券交易执行人的姓名、性别，留存法定代表人授权证券交易执行人的书面授权书。填写完以上内容，证券经纪人核准同意后，编列账号，填制“开户账户卡”交给申请者，完成开户手续。

开户的种类一般可分为现金账户、保证金账户、联合账户、随机账户、每月（季）投资计划账户等五类。上海证券交易所规定只在证券经纪商处开设资金专户和证券专户两种。资金专户中的资金由证券商代为转存银行，利息自动转入该专户；证券专户中的证券则由该证券商免费代为保管。

（3）委托

委托是股票交易者（即客户）向其证券经纪人发出的表明以某种价格买入或卖出一定数量某种股票的请求。委托时，应首先要填写委托书，其内容主要包括：买入或卖出的股票名称及数量、有效期、成交价、清算交割形式等。

①办理委托的方式。一般有当面委托、电话委托、电报委托、传真委托、信函委托、网络委托等多种方式，其中前两者是最常用的方式。当面委托，是委托人亲临证券商的经营场所，亲自填写委托书并签章；电话委托，则是委托人以电话向证券商发出委托请求，由证券商按其要求填写委托书，并由委托人在成交后办理交付时补办签章；传真、信函、电报、网络委托，则是由证券商按委托人的要求填写委托书，并将函电黏附于委托书后的一种委托方式。

②委托的种类。按委托的内容，委托可分为许多种类。

按价格标准，可分为市价委托和限价委托。市价委托是委托人要求证券经纪人按交易市场当时的价格买进或卖出某种股票；限价委托则是委托人要求证券商按限定的价格买进或卖出某种股票，证券商在执行时，必须按限价或低于限价买进，按限价或高于限价卖出。

按有效期长短，可分为当日委托和长期委托。当日委托，是指委托人的委托仅在委托之时到当日交易时间终了的时间内有效；长期委托，则是指委托人的委托在委托之日后的一段时间内有效。如上海证券交易所规定的5日委托，就属此类。

按交易数量，可分为整数委托和零数委托。整数委托，是委托人以一个交易单位为起点或其倍数的委托。上海证券交易所规定每100元面额为一个交易单位，简称为“一手”。零数委托，则是委托人以不足“一手”

或其倍数的委托。上海证券交易所规定：对于零数委托，证券商配凑成整数后，方可进场交易。

(4) 交易

交易，即执行委托的过程。以上海证券交易所为例，具体对此说明如下。

①交易时间。每周周一至周五开市。每日分前、后两市，上午 9：30 ~11：00 为前市，下午 1：30 ~3：00 为后市。法定假日不开市。

②报价。这里专指报价升降单位。每股市价未满 100 元者为 1 角，100 ~200 元为 2 角，200 ~300 元为 3 角，300 ~400 元为 5 角，400 元以上为 1 元。

③交易类别。分为当日交易、普通交易和约定日交易三种。当日交易，即买卖成交的当天，成交各方进行清算交割；普通交易，即买卖成交后的第四个营业日，成交各方进行清算交割；约定日交易，即买卖成交后的 15 天内，成交各方按约定日期进行清算交割的交易。

④成交原则。按价格优先、时间优先的原则成交。价格优先，指较高买进申报优先满足于较低买进申报，较低卖出申报优先满足于较高卖出申报；时间优先，即指同价位申报，先申报者优先满足。

⑤口头唱报竞价交易过程。口头唱报竞价，最高买进申报与最低卖出申报价位相同，即为成交。交易过程如下。

第一步：交易员接到交易指令后，依序编号填列“证券买卖记录单”，一式三联，并加盖时间戳记。

第二步：交易员到指定区域唱报竞价。

第三步：唱报的价格成交后，由卖方填制“场内成交单”一式三联，与买方一并在指定栏目内签盖印章后，将第三联交中介经纪人签章和加盖时间戳记，第一、二联由买卖双方各自收存。

第四步：通知场外营业柜台转告委托人。

⑥计算机终端申报竞价交易过程。计算机终端申报竞价，最高买进申报与最低卖出申报价位相同，即为成交；如买（卖）方的申报价格高（低）于卖（买）方的申报价格，则采用双方申报价的平均价成交；若买卖双方只有市价申报而无限价申报，则采用当日最近一次成交价或当时显

示价格的价格成交。其交易过程大致如下。

第一步：证券商营业部按委托书内容要求，将买卖指令输入计算机终端，通知其场内交易员申报竞价。

第二步：交易员接到交易指令信息后，将信息贮存和编号后，一并输入交易所计算机主机。

第三步：交易所计算机主机接受买卖申报后，进行自动查询，成交后在交易席上终端机发出成交信号，有关各方至中介经纪人处在“场内成交单”上签盖印章，取回回执联。

第四步：通知场外营业柜转告委托人。

⑦专柜书面竞价交易过程。交易成交的决定原则与计算机终端申报竞价完全相同，其交易过程如下。

第一步：交易员接到通知后，依序编号填写“证券买卖记录单”一式三联，将第一联交中介经纪人收执。

第二步：中介经纪人接到申报，将其登记在“证券买卖申报记录表”上，并与“证券买卖记录单”核对无误后，由交易员签盖印章。

第三步：中介经纪人接到申报后即撮合成交。成交后，填制“场内成交单”，并输入电脑，同时通告交易员。

第四步：交易员接到成交通知后，立即到指定地点在“场内成交单”有关栏目内签章，履行成交手续。

第五步：通知场外营业柜台转告委托人。

(5) 交割清算

①交割。交割，是指股票的卖方将股票交给买方，而买方则把钱款交给卖方的行为。它包括两个阶段，即客户与证券商间的交割和证券商间的交割。股票成交后，即应分步办理交割手续。

②清算。清算，就是证券经纪人之间将买卖证券的数量与金额分别抵消的行为，目的是减少证券商之间实际交割的证券或价款，以节省时间、人力和物力。基本过程如下。

第一步：清算机构将各清算成员每种证券的买卖分类并加以相互抵消，得出应结清的余额。

第二步：确定每一成员应收进或支出的证券或价款金额。

第三步：实际支付有关证券或价款，结清余额。

(6) 过户

过户就是股票所有权从原所有者转移给新所有者时所做记录的过程。股票过户后，股票持有人就成为股份公司的股东，享受分红派息等股东权益。一般来说，股票成交后，若不想在短期日卖出，就应到登记公司办理过户手续或通过办理托管，完成过户。过户主要有三种形式。

①分红派息前过户。即在发行公司公布分红派息的截止过户日前到登记公司办理过户手续。办理时，须持代码卡、身份证、股票及买进报告书，填写“过户申请书”后，办理过户。

②换领股票前过户。当股票背书转让登记栏用完后，由买方代理证券商将该股票连同过户资料送登记公司办理过户，并代买方领回新股票。

③非交易过户。即指赠予、继承过户等。

三、企业通过股票融资的难点与对策

1. 股票发行的时机选择

随着我国股份制企业的增多和证券市场的不断完善，通过股票筹资的难度和风险将大为增加。股票发行时机选择得正确与否，直接影响到股票的发行价格以及股票的发行能否达到目标。一般来说，选择股票的发行时机应注意以下几点。

(1) 社会经济的发展态势

社会经济的发展态势决定着企业和个人的收入水平、投资能力以及投资信心。当国民经济处于增长繁荣时期，企业和个人的收入增加较快，股民投资欲望增强，市场股票价格就会上涨；反之，当国民经济处于萧条或紧缩时期，股民的投资欲望就会减弱，社会对股票投资总量必然下降。

(2) 股市行情

股市行情是实际经济活动的反映，股市波动最终取决于宏观经济的发

展形势。除此之外，国家产业政策、金融政策和宏观调控手段变化，以及其他各种客观与主观因素，都会对股市产生影响。发行股票的公司必须抓住股市上扬、交易活跃的时机发行股票。

(3) 银行等金融机构的利率水平

一般来说，企业和居民个人的资金有储蓄和投资两种选择，到底是储蓄还是投资，或是按一定比例分配，其中的决定性因素便是银行金融机构的利率水平。通常投资和利率成反比关系，即利率越高投资越少，利率越低则投资越多。相对来说，应该选择银行等金融机构利率较低的时期，或在银行利率调高之前发行股票。

(4) 企业产品或劳务的销售情况

新发行股票的公司，其产品一般都有自己的特点，颇得大众的欢迎。企业应该选择产品市场较为成熟，盈利较为可靠的时机发行新股票，以增强对潜在投资者的吸引力。

2. 股票发行的数量确定

股票发行数量的多少决定着企业的财务结构、经营风险和筹资成本。决策时，应充分考虑到以下因素。

(1) 政策规定

按照我国公司法规定，股份有限公司和有限责任公司都必须有一定数量的注册资本，才能登记注册。法定资本金是公司确定的发行股票的最低数量。

(2) 公司的经营规模

公司的经营规模越大，资金的需要量就越多，股票发行的数量相应大一些；反之，则相反。

(3) 公司的资本结构

主要应分析考查公司的负债率和自有资本率。负债率与自有资本率成反比，负债率较低，自有资本率较高的企业，风险较小，在经济不景气时，受损的程度必然较低；但在经济稳定增长时期，较低的负债率和较高的自有资本率势必会增加公司的资本成本率，大大降低财务杠杆的作用。

(4) 企业的控制权

债权人与股东对企业的控制程度不同。债权人只能定期取得本息，无权参与企业的管理；而股东则对企业的重大投资决策、收益分配具有表决权。因此，注重控制权集中的公司不能发行过多的股票，否则会削弱原股东对企业的控制权。

(5) 股东收益

保持股东收益的不断增长是股份制企业经营目标之一。发行过多的股票尤其是普通股票会使企业的税后利润被更多的股份分享，可能降低企业的每股收益水平。

3. 股票发行的面值定价与发行价格

如前所述，股票按有无票面金额可划分为有面值股票和无面值股票。持有有面值股票的股东，对公司享有权利和承担义务的大小，以其所拥有的全部股票的票面金额之和占公司发行在外股票面额的比例大小而定。无面值股票的突出特点是股票价值随公司财产的增减而变动，发行无面值股票，有利于促使投资者在购买股票时注意计算股票的实际价值。我国公司法规定，股票应标明票面金额。

一般来说，股票面值确定低一些为好，便于投资者购买，有利于促进股票的发行和流通。但股票面值过低，则会增加发行的成本，企业应视具体情况而定。

股票发行价格从理论上讲，可分为面值发行、折价发行和溢价发行三种。《中华人民共和国公司法》规定，企业不得折价发行股票，且同次发行同种类别的股票发行价格需一致。

我国股份制企业发行股票基本上采取溢价发行办法。对发行企业来说，溢价发行至少有两点好处：一是可以获得大于章程规定的法定注册资本数额，或者可以发行较少的股数获得法定注册资本的金额；二是企业债务人具有安全感，因为溢价发行获得超面值股本增加股东权益，提高偿还债务的保障程度。股票发行价格的测算可采用下列公式：

$$股票发行价格=\frac{(股票面值\times年股息率+每股红利)}{资金市场平均利率}$$

企业实际定价时还应考虑到企业的社会声誉、资本构成、发展前景、发行费用、发行方式等因素。

4. 股票的发行方式与推销方式决策

股票发行方式有直接发行和间接发行，公募与私募等。

划分直接发行与间接发行的基本标志是股票发行有无中介机构参与。直接发行指由企业自行发行，或只要求中介机构适当协助，发行风险由发行企业自行承担；间接发行指企业把股票委托给一家或几家股票发行中介机构代理或包销发行。

私募发行指只面向少数特定的投资者发行股票，亦称“定向募集”。具体分为：发起人认购，即公司成立时，发起人认购公司的全部股份；股票配股，企业向老股东分配新股认购权，股东可以购买新股，也可以放弃购买权；特定关系募股，股票发行范围包括与本企业有关的单位与个人；内部发行，指股票发行范围局限于本企业的内部职工。

公募发行指以同等条件向社会非特定单位和个人公开发行股票。

以上两种分类的关系是：公募可以是直接发行，也可以是间接发行；而私募只能是直接发行。

企业采取何种方式发行股票，需了解各种方式的利弊。直接发行具有发行时间长、发行面不大、筹资速度慢等不足；但发行手续简便，发行费用少，适合发行额较小的中小企业。间接发行成本高，手续比较复杂，审批时间长，但对发行企业来说比较省事，筹资速度快。私募发行的筹资范围受到限制，但能保持股权的相对集中，避免所有权的稀释；公募发行虽可扩大筹资规模但导致股权分散；提高股票的流动性，但容易造成企业控制权的转移。一般来说大企业为筹集巨额自有资金，会采用公募发行方式。

股票的推销方式有两种：自销与承销。

自销指不经过证券经营机构承销，由股份公司直接将股票出售给投资者的推销方式。这种方式一般适用于发行风险较小、手续较为简单、数额不多的股票发行。自销方式可节约股票发行成本，但发行风险完全由股份公司承担。

承销是指发行公司将股票销售业务委托证券承销机构代理的推销方式。证券承销机构是指专门从事证券买卖业务的金融中介机构，如证券公司、信托投资公司等。

我国公司法规定，公司向社会公开发行股票不论是募集设立时首次发行股票，还是设立后再次发行新股，均应当由依法设立的证券经营机构承销。

5. 股票的公众化取向选择

私人拥有公司，又称封闭式公司，指经营规模较小、股票为少数人拥有、股票买卖不很活跃的公司。公众拥有公司指生产经营规模较大，股票为众多投资者所拥有的公司。股票不上市，而在场外进行交易的公众拥有公司称作未挂牌公司；股票在交易所上市的公众拥有公司即为上市公司。

许多企业起初为独资经营或合伙经营，随经营规模的扩大，企业可能改组成公司，股票为公司高级雇员和一部分不热心经营管理的投资者所拥有。但公司是否继续发展，成为公众拥有公司，需要权衡利弊后再进行抉择。

将封闭式公司发展成公众拥有公司有以下优点。

(1) 降低投资组合风险

在封闭式公司中，因股票为少数人所拥有，个人财富与企业价值的相关度很大，投资风险很高。成为公众化公司后，通过公开发行部分股票，可在一定程度上减小个人财产的投资组合风险。

(2) 增强股票变现力

封闭式公司的股票因缺乏现存的市场而不易变现。股东想出售股票，要么难觅买主，要么无现成价格可参照。对于公众拥有公司，股票或公开上市，或场外交易，股票易手极为容易。

(3) 便于企业筹集资金

受下列因素限制，封闭式公司筹集资金较为困难。首先，现有股东可能资金不足，或不愿承担过高的风险；其次，其他投资者由于没有表决权，或担心受内部股东和经营者的歧视而利益受损，或由于企业财务信息不公开，不能了解企业的财务状况和经营成果，一般也不愿意投资于封闭式公司。企业公众化后，信息的公开和证券交易管理委员会的管理监督，有利于投资者了解企业的财务状况和经营成果，便于企业筹集资金。

(4) 有助于确定企业的价值

封闭型企业因股票交易不活跃，缺乏现成的市场而难以准确地确定企业的价值。企业公众化后，可通过股市交易确定公司价值。一般来说，公司的价值可以在股票价格上反映出来。

但封闭式公司要公众化，也必须付出一定的代价。

(1) 报告成本增加

公众化公司必须定期向证券管理部门，以及投资者提供季度或年度报告。对小公司而言，提供这些报告的成本较高。

(2) 信息必须公开

经营数据的公开可能被企业的竞争者所利用，从而对企业造成损害；并且，法律上一般都规定，公众拥有企业必须公布企业管理人员、董事及主要股东持有的股票数，个人财富被披露。

(3) 公司价值可能虚假反映

如公众化企业规模过小，股票买卖不频繁，股票不易兑现，其股票的价格并不能代表股票的实际价值；再者，股票市场的不规则波动，会引起公司价值的虚假反映。

(4) 控制权弱化

封闭式公司成为公众拥有公司后，股票势必为广大投资者所拥有，原股东对企业的控制权会削弱。

6. 股票管理中的难点与对策

股票管理有两个层次，一层是公司对股票的管理，再一层是社会对股票的管理。公司对股票的管理侧重于财务和信息方面，社会对股票的管理则侧重于交易方面。此处只对前者作一略述。

公司对股票的管理包括以下几个方面的内容。

（1）股票票面的设计

股票是一种有价证券，是股东行使股东权的凭证，也是一种重要法律文件。因此，股票管理应始于票面的设计，做到规范化。一般说来，股票票面的要素应该有以下几点。

①公司名称。股票上公司的名称应与公司注册登记时选用的名称一致；公司的名称必须使用全称。

②公司所在地。即公司总部或主要办事机构的所在地，应与公司章程中所规定的营业地址相同。

③公司设立登记或新股发行时变更登记的批准文号和日期。

④公司的股份总额和每股金额。在我国，股份公司不得发行无面额的股票。

⑤本次发行的股份总额。

⑥若为发起人认购的股票，应标明发起人股票字样，以区别于其他股东认购的股票。

⑦特别股票，要标明种类以示区别。如优先股票，就需要标明“优先”字样及其优先权的内容。

⑧若为记名股票，应载有股东的名称或姓名。股东为企业时，应记载企业名称；股东为个人时，记载其姓名。股票上记载的应是股东的正式名称或真实姓名，并要与股东名册上的记载相一致。多数股票属同一股东所有时，亦应记载同一名称或姓名。

⑨金融管理机关批准公开募股的文号和日期。

⑩股票的发行序号。

⑪股票的发行日期。

⑫董事会三人以上的签名盖章和公司的公章。

以上是股票必须记载的基本事项，除此之外，公司还可以根据不同的情况，在股票上记载其他一些必要事项。

（2）股票发行的管理

首先，企业发行股票需要一定的时间，为便于考查，一般按股份种类，将核定股本、股数、每股面值，在有关股本账户中记录备查。例如：优先股本账户注明“10%”指优先分配的股息；“累计”，表示股息具有积累性质，如第一年只分5%，第二年则应分15%；“不参加”，表示持股人不参加企业经营管理活动。

其次，应该把认购股票、实收股款在会计记录上反映出来，分别设置“应收认股款”和“实收认股款”两个账户进行核算。不过，我国多数发行股票的企业并未这样严格管理，一般只立“已收股款”账户加以记录。

最后，对记名股票还要建立股东分户账，一般用卡片账，以备在挂失、过户和发行股息增减面值等时候使用。

（3）挂失、过户、发放股息红利的管理

记名股票如有遗失可以挂失，如有破损亦可以旧换新。这些都需要经过企业主管人员（秘书和会计人员）办理，记名股票的转让，应在公司办理手续，公司应对过户申请进行审查。发放股息、红利时，应该在股东分户账、股票的股息红利分配记录表中进行记录。

（4）股票发行中的信息管理

股票的市场价格由预期收益的高低决定。预期收益是对各种可能收益的加权平均。如果在某一时刻的实际收益高于预期收益，股票的价格应该上升；反之，股票价格就应下降。如果证券市场是完善和有效率的，所有这些信息将马上在市场上反映出来，使股票价格发生相应变化。但实际情况并不是这样，这些信息通常不能马上为公众所知，首先知道的是公司少数管理人员。在股票实际价格高于市场价格时发行新股票，将使公司原股东的利益遭受损害，新的购买者获益。相反，在股票实际价格低于市场价格时发行新股票，将使公司原股东受益，新的投资者遭受损害。所以，从原股东利益出发，公司管理人员利用掌握的内部信息，应在股票实际价格低于市场价格时发行新股票，在股票实际价格高于市场价格时不发行新股票。出于这种考虑，外部投资者会将公司增发新股票的行为看作一个有关股票价格的“坏消息”，认为这意味着股票的市场价格过高，因而在购买股票时要求以较低的价格成交。投资者的这种预期，将为企业的正常筹资带来困难。为了抵消这种不利影响，企业要增加内部状况的“透明度”，尽量通过其他渠道，如公布企业财务状况，阐述企业投资计划和发展远景，利用某些中立审计机构的审计报告等证明公司股票价格的合理性。但这样做的结果，往往使公司的投资计划和技术状况等重要信息过早地为竞争对手所了解，从而失去部分竞争优势。

增发新股向市场传递的另一个可能信息是：公司准备改变资本结构，减少债务比例。这条信息会使投资者认为企业对自己的偿债能力信心不足，缺乏足够的实力支撑较高债务与资产的比例。这一消息显然也会导致股票价格的下降。所以，从信息传递角度来看，增发新股进行筹资，会给企业带来一些不利的影响。

第八章

债券融资：自主灵活高效的融资方式

随着我国经济体制改革的深入和社会主义市场经济的发展，金融在国民经济中的地位和作用日益突出，成为国家调控经济的重要工具和国民经济有机联系、整体运行的纽带。

金融活动的对象是货币，这种活动以金融工具为媒介。货币资金供需双方的债权、债务关系，要通过金融工具来体现；货币资金的融通活动要通过金融工具的交易来实现。金融工具经过长期的发展，形成了名目繁多的庞大体系，债券就是其中一个重要的种类。债券的发行与转让，是运用金融手段融集社会资金，调节社会资金分配的有效方式之一。

一、债券：企业融资的新视点

证券是各类经济权益凭证的统称，它是用来证明证券持有人可以按照证券所规定的内容，取得相应的权益。债券作为一种有价证券，不仅是颇受社会公众欢迎的投资对象，也是被广泛利用的筹资手段。它已成为金融市场中最重要的信用工具之一，并逐步渗透到社会经济生活之中。

1. 债券的性质与种类

（1）债券的基本性质

债券是一种表明债权、债务关系的凭证。它是发行人向投资人（即债券持有人）出具的，在一定时期内按约定的条件，按期支付利息和到期归还本金的书面证明。债券对购入者来说是金融资产；对发行者来说是金融负债。债券的持有人是债券发行人的债权人；债券发行人是债券持有人的债务人。债券把筹资人与投资人之间的经济联系，以证券的形式加以体现。

既然债券是债权、债务的凭证，那么它必须具备能体现债权、债务关系的若干要素。

①发债人。任何一张债券都必须载明是由谁发行的，必须明确是谁在举债。是中央或地方政府举债，还是金融机构或工商企业举债。明确发债人的目的，是为了确认债务人，同时也为投资人的选择提供依据。债券载明发债人的方式，一个是通过债券的名称来体现，如国库券，就说明是国家发行的债券；另一个是通过载明发债人的名称来体现，如某某企业债券。

②面额。债券上所印金额称为债券的面额。同一种类的债券可以有大小不同的多种面额。如我国的国库券就有 1 元到 100 万元 10 种不同的面额，但是每张债券都应有确定的面额。债券面额的大小，标志着债券发行

人向债券购买人筹集资金的数量和到期归还本金的多少。

③偿还期限。每张债券都应载明一个预先规定的归还本金的日期，期限一到，债券持有人就可以按券面金额，从债券发行人处兑换到现款，也就是收回本金，这个期限称为债券的偿还期限。按照偿还期限的长短，一般称为“×年期债券”。

④计息方式和利息率。每张债券都须载明采用何种计息方式，计息方式分为单利计息、复利计息和贴现计息。每张债券都须确定年利息率，若是采用浮动利率的，则要确定利息率根据什么标准浮动。确定计息方式和利息率，是为了能使投资人依此计算债券的收益。

⑤担保条件。这是为了保证债券的安全性而规定的。担保条件一般是指债券以何种物品作抵押，以及发债人不能按期还本付息时，债券持有人对抵押品的处置权力。社会信用度较高的单位发行债券，一般无须明确担保条件，而社会信用度不高的单位发行债券，就需要明确担保条件。

债券的这些基本要素，既体现了债券有别于其他有价证券的性质，也体现了债券发行人和债券持有人之间的关系。投资人可以根据对上述债券的各个要素的综合判断，来选择购买。投资人购买了债券之后，可以在有关法律的保护下，享受债权人的权益。

随着经济的发展，为了适应不同类型的筹资人和投资人的需要，世界各国出现了名目繁多的债券，债券成了一个名副其实的大家族。尽管债券的名目繁多，但还是可以根据一定的标准将其分类。划分不同种类的债券，有助于了解和掌握它们共同的性质和各自的特点。

（2）债券的分类

债券的分类，没有一个完全统一的标准。按照世界各国的惯例，主要有以下几种分类方法。

①按债券的发行主体分类。任何一种债券总是由某一特定的主体发行的。正因为发行主体的性质各不相同，所以就构成了不同类型的债券。按照这种分类方法，债券可分为以下几种。

国债。是由国家发行、由国家财政负责其本息偿还的债券。

地方债。是由地方政府发行，由地方财政负责其本息偿还的债券。

公社债。所谓公社是指与政府有直接关系的有关机构及特殊法人。公社债是由这些机构按照各自的合法章程发行，并由这些机构负责其本息偿还的债券。其中由政府担保的，称为“政府保证债”。在日本，公社债这一用语有时还用来指日本国营地铁、日本电信电话公社等国营公司的债券。

金融债。是由银行和非银行金融机构发行并负责其本息偿还的债券。

公司债。这是由股份公司发行并负责其本息偿还的债券。在日本，一般的股份公司发行债券也称为事业债，有时把发行量特别大的电力公司等机构的债券称为电力债券，以便和其他公司债相区别。

②按利息支付方式分类。债券持有人有权按约定的期限和利率取得本息。债券发行人必须如期偿还债券购买人的本金，而支付利息则可以采取各种形式。按照不同的利息支付方式，债券可分为以下几种。

付息债。这种债券中有两种基本的形式，一种是一次性付息，即所谓的“利随本清”；另一种是分次性付息。在美国、日本等国家中，债券发行人每年要向债券持有人支付固定的利息，有的债券规定6个月甚至一个季度支付一次利息。这种债券利息支付的具体形式是，发行的债券末端附有息票，载明每一期应付的利息，息票如到期，发债人有兑付的义务。由于债券持有人是按期剪下连接在债券上的息票，并凭这种息票兑换成利息现款的，因此这种债券也往往被称为“剪息债”。附息票的债券多为不记名的，其本金利息的偿付，直接给予持票人，也有一些是记名或登记的，其本金利息的偿付，只给予记名人或登记人。

贴现债。这种债券不规定利息率，也不附有息票，但在发行时按券面额的一定折扣将债券售出。

从世界各国发行债券的实际情况看，债券中大部分是付息债，贴现债只限于国债、金融债等几种。

③按有无担保分类。投资人选择购买债券时，除了考虑收益率外，还必须考虑安全性，即能否到期收回本金和按期收取利息，因此债券发行人的信用是所发债券能否顺利销售的重要因素。根据债券发行人信用程度的不同，所发债券就有列明担保条款和不列明担保条款之别。

无担保债券，有时也称为信用债券。在这类债券中，主要有国债、地方债、政府保证债和公司无抵押债。因为上述这些债券，分别由中央或地方财政、金融机构和经济实力较强的大公司负责其本息偿还，一般来说不会发生债券本息无法偿还的情况，因此也无须列明担保条款。但是对公司发行无抵押债券，往往要在债券契约中列明限制条件，主要有限制发行新债、限制红利的支付、限制合并的活动、限制对公司财产的处置等等，以确保所发债券的安全性。

有担保债券，有时也称为抵押债券。在这类债券中，最主要的是公司不动产抵押债券和抵押信托债券。不动产抵押债券，以对发债公司的实际不动产的留置权为担保。当发债公司无力偿还债券本息时，抵押债券的持有人可获得所抵押财产的所有权，并可以按照法定程序，行使其留置权，拍卖抵押品补偿。抵押信托债券，是以发债公司所有的其他有价证券，如股票、购入的其他种类的债券等为担保。为了维护债券持有人的权益，作为抵押品的各种有价证券，通常要存放银行，不得随意转让。

④按偿还期限分类。任何一种债券都应载明偿还期限。由于发债人所筹资金的用途不同，所发债券的偿还期限必定长短不一，由此形成了不同期限的债券。

长期债。美国和日本，一般把偿还期限在 5 年以上的债券，称为长期债券。美国的财政部债券多为 5 年以上，最长的期限为 35 年。日本的剪息国债、电力债等，偿还期限都在 5 年以上。

中期债。债券的偿还期限一般在 2 ~5 年。

短期债。债券的偿还期限一般在 1 年以内。

除了上述几种主要的分类方法以外，还有一些其他的分类方法。比如，按券面以何种货币计价进行分类，用本国货币表示金额的债券，称为本币计价债，用外国货币表示金额的债券，称为外币计价债；按发行目的进行分类，有设备债券、再筹资债券等；按本金偿还条件进行分类，有普通债券、通知债券、永久债券、偿还基金债券、系列债券等。

近几年来，我国的债券市场正在逐步开拓发展之中，目前发行的债券种类还不多，按其大类分，主要有政府债券、金融债券和企业债券。

2. 企业发行债券的意义与作用

企业通过金融市场发行债券来筹集资金，不仅对企业解决生产过程中资金短缺有作用，而且对企业加强资金核算和资金管理，合理、节约使用资金，提高资金的利用效率更有重要的意义。企业债券在企业经营中的作用，概括地说有以下几方面。

（1）有利于企业改善经营管理，提高资金的使用效率

在传统的计划经济体制下，企业在资金供应上吃国家的大锅饭，无论是固定资产投资，还是流动资金供应，都由国家统一包下来，企业的利润全部上交。资金的使用效率好坏同企业和职工没有任何直接的经济利益关系，因而在这种资金供应体制下，吃大锅饭现象十分普遍，造成资金使用效率比较差。经济体制改革以后，情况虽然有所改变，但仍摆脱不了在对企业资金供应上的软约束局面。企业借钱可以不按时归还，造成企业吃专业银行的大锅饭，专业银行吃中央银行的大锅饭，目前银行逾期贷款增多就是这个问题的真实反映。

企业通过发行债券筹集生产建设资金，把自身真正摆到了债务人的地位，只要企业在债券到期之前未归还债券本息，企业作为债务人的局面就不能改变。而企业与债券持有人之间的债权、债务关系，同企业从国家或银行获得资金相比，资金供应上的硬约束关系是十分明显的。如果企业在规定期限内不清偿或没有能力清偿债务，必将大大降低企业在社会上的信誉，企业的信誉受到影响，无疑是对企业的致命打击。因此，企业对这部分资金使用效率的高低，同企业和职工的利益休戚相关，直接影响到企业在社会上的信誉和命运。这就促使企业努力改善自身的经营管理，千方百计地在提高资金使用效率上下功夫。

（2）有利于资金流向效益好的企业，使资金流向合理化

同过去的经济体制相适应，国家为了保证企业生存，职工就业，使大家都有饭吃，在资金的供应上采取撒“胡椒粉”的办法，每个企业多多少少都能得到一点，造成在资金分配格局上的不合理，使效益好的企业得不到足够的资金，效益差的企业却占据着相当一大块资金。这种情况，即使到现在，仍在很多地方不同程度地存在。

为了改变这种局面，造成一个资金流向相对合理化的环境，比较好的办法是把企业推向市场直接筹资。企业发行债券筹集资金，其获取资金的

额度并不取决于它的主观愿望，也不取决于政府领导所批条子分量的轻重，主要还是取决于发行债券企业的经济实力和投资人的投资意愿。从投资人的角度看，不仅要考虑投资的收益率高低，也要考虑投资风险的大小及流动性的强弱。对大多数投资人来说，对风险大的投资，宁可舍弃高的收益也不会去购买企业债券，企业又不能采取强制手段迫使投资人认购。因此，只有经济效益好、有发展前途的企业，发行的债券才能受到投资者的广泛欢迎，才能筹集到足够的资金。从这个意义上说，发行债券是对企业经济效益优劣的最好裁判。因此，让企业在金融市场发行债券筹措资金，再加上人民银行根据国家产业政策要求，加以引导和管理，比较有利于资金的合理流向，从而通过资金结构的调整，促进产品结构、企业结构和产业结构的调整。

（3）有利于企业广泛筹集生产建设资金

把闲置资金吸收进来，用到生产建设上去，既可以化消费基金为生产建设资金，减少对市场冲击；又可以缓解企业经营资金的不足，但如何引导却是一个亟待解决的问题。近几年来，由于我国货币发行量偏多，通货膨胀比较明显。银行存款利率偏低，实际上处于负利率状况。尽管开设了保值储蓄，但对于三年期以下的储蓄存款来说，仍然有可能遭受货币贬值带来的损失，这就要求开辟新的化消费基金为建设资金的渠道。企业尤其是经济效益好的企业向市场发行债券是一个较好的选择。由于企业债券利率比银行存款利率要高，发行债券的企业经过人民银行的审核，信用也比较可靠。这样在投资的风险性、收益性、流动性都比较适合投资人要求的情况下，可以吸引相当一部分闲散资金，达到既抑制通货膨胀，又使企业能广泛筹集资金，缓解资金供需紧张的目的。

（4）有利于保持企业的稳定发展

要保证企业特别是经济效益好的企业能得到稳定发展，必须提供良好的外部环境。但由于我国在打破旧体制的同时，尚未能建立起有效的新的宏观调控体系，使得在国家实行宏观紧缩政策的情况下，无论是效益好的企业，还是效益差的企业，都避免不了被一刀切的命运。这就给企业的稳定发展带来很大问题，也不利于国民经济持续、稳定、协调地发展。

如何解决这一问题，给企业特别是经济效益好的企业在国家宏观紧缩政策下提供稳定发展的客观环境，从现在情况看，允许企业向金融市场发行债券来筹集资金不失为一种好办法。事实上，每当宏观紧缩政策实行时，总有不少企业未经批准进行社会集资，来解决自身的资金困难。从实践情况看，企业自身集资盲目性较大，弊端不少，与其任这种情况存在，倒不如允许一批效益好的企业直接向社会举债来解决经营中资金短缺问题，同时限制效益差的企业筹资。这样不仅给企业开辟了新的融资渠道，保证效益好的企业能及时获得资金，而且也有利于增强宏观控制的弹性，克服一刀切的问题，促进企业的稳定发展。

二、企业债券融资中需要注意的若干问题

1. 企业债券发行的资格、条件与程序

企业要发行债券，必须具备相应的资格与条件，采用合适的发行方式，遵循一定的发行程序。

(1) 债券发行的资格与条件

①债券发行的资格。根据我国公司法规定，股份有限公司、国家独资公司和两个以上的国有企业，或者其他两个以上的国有投资主体投资设立的有限责任公司，具有发行公司债券的资格。这些公司一般具有雄厚的资本、较高的生产经营管理水平和良好的信誉，能够独立承担经营风险和经济责任，可以切实保障债权人的利益。

②债券发行的条件。按照国际惯例，发行债券要符合规定的条件。一般包括发行债券最高限额、发行公司自有资本最低限额、公司获利能力、债券利率水平等。

根据我国公司法的规定，发行公司债券，必须符合下列条件：

A. 股份有限公司的净资产额不低于人民币 3 000 万元，有限责任公司的净资产额不低于人民币 6 000 万元；

B. 累计债券总额不得超过公司净资产额的40%；

C. 最近3年平均可分配利润足以支付公司债券1年的利息；

D. 筹集的资金投向符合国家产业政策；

E. 债券的利率不得超过国务院限定的利率水平；

F. 国务院规定的其他条件。

此外，发行公司债券所筹集的资金，必须用于审批机关批准的用途，不得用于弥补亏损和非生产性支出。

如果发行可转换公司债券，还应当符合股票发行的条件。

按照上述规定，有权发行债券的公司必须同时满足6个发行条件，方能发行债券。其中前3个条件的规定是为了切实地保障公司债券持有人的合法权益，使他们的债权能够得到及时地清偿。第4个条件是为了引导资金的合理流向，符合国家产业政策要求，保障国家重点建设项目的资金需要。第5个条件的规定是为了避免对金融秩序的冲击。比如国务院《企业债券管理条例》第十八条规定“企业债券的利率不得高于银行相同期限居民储蓄定期存款利率的40%”。

同时，我国公司法还规定，发行公司有下列情形之一的，不得再次发行债券：

A. 前一次发行的公司债券尚未募足的；

B. 对已发行的公司债券或者其债务有违约，或者有延迟支付本息的事实，且仍处于继续状态的。

（2）债券发行的程序

公司发行债券需要经过一定的程序，办理有关手续。

①做出发行债券的决议或决定。公司在实际发行债券之前，必须做出发行债券的决定。具体包括债券发行总额、票面金额、发行价格、募集办法、债券利率、偿还日期及方式等内容。

我国公司法规定可以发行公司债券的主体有三类：股份有限公司、国有独资公司和国有有限责任公司。这三类公司做出发行债券决议的机构不一样：股份有限公司和国有有限责任公司发行公司债券，由董事会制订方案，股东大会做出决议；国有独资公司发行公司债券，由国家授权投资的机构或者国家授权的其他机构做出决定。可见，发行公司债券的决议和决定，是由公司最高权力机构做出的。

在国外，公司发行债券一般需经董事会通过决议，由2/3以上董事出席，且超过出席董事的半数通过。

②提出发行债券申请。按照国际惯例，公司发行债券应向主管部门提交申请，未经批准，公司不得发行债券。

我国规定，公司做出发行债券的决议或决定后，应当向国务院证券管理部门报请批准。我国管理证券发行的主管机关是国务院证券委员会，证券委要按照国务院确定的债券发行规模，审批公司债券的发行。公司在办理申请时，应提交公司登记证明、公司章程、公司债券募集办法、资产评估报告和验资报告。

③公告债券募集办法。发行公司债券的申请经批准后，公开向社会发行债券，应当向社会公告债券募集办法。根据我国公司法的规定，公司债券募集办法中应当载明下列主要事项：

A. 公司名称；

B. 债券总额和债券的票面金额；

C. 债券的利率；

D. 还本付息的期限与方式；

E. 债券发行的起止日期；

F. 公司净资产额；

G. 已发行而尚未到期的公司债券总额；

H. 公司债券的承销机构。

公司制订好募集办法后，应按当时当地通行、合理的方法向社会公告。

④委托证券机构发售。公司公告债券募集办法后，开始在公告规定的期限内募集借款。

一般来说，公司债券的发行方式有两种：直接发行与间接发行。

直接发行也称自营发行。它是指发行债券的公司自行直接向特定的债券购买者发售，而不依靠证券发行的中介机构来代为销售。采用这种方式发行债券的成本较低，因为无需向证券代销机构缴纳手续费，并且手续简便，便于控制，资金收取快。但这样做最大缺点是工作量很大，风险也较大，发行的范围不够广泛，很可能不能按照计划筹集到企业急需的资金。

因此，直接发行方式一般只适用于公司内部筹资，和向与本公司关系密切、并对本公司资信情况较为了解的机构投资者的筹资。

间接发行也称为委托代理发行。它是指发行公司通过委托证券发行机构，向社会公众发行债券。在我国，根据有关法规，公司发行债券需与证券经营机构签订承销合同，由其承销。在这种方式下，被委托债券发行的专业机构是介于筹集者与投资者之间的第三者。它往往要与债券发行公司签订委托债券发行的信托契约。契约的主要内容包括对债券发行公司的各种限制条款，及保护投资者利益的规定。

委托代理发行债券，主要有代理发行、承销发行和包销发行三种形式。

代理发行。它是指公司委托有权代理发行债券的专门机构代为发行债券的一种方式。公司与发行机构签订契约，规定发行日期，到期未发售完的债券，代理机构可将剩余部分退回发行公司。代理机构已发售的债券，按事先商定的比率收取一定的手续费。经济责任和发行风险全部由发行公司自行承担。

包销发行。它是指公司发行债券前，首先与专门的发行机构签订契约，并由其全部收购，然后再由其向社会公众发售的方法。如果在约定期限内未能全部售出，余额要由发行机构承担。发行机构还要承担债券发行过程中各项经济责任。

承销发行。它是指介于代理发行与包销发行之间的一种发行方法。即在预定债券发行期内属代理发行，如发行期满后仍有未发售的债券，则由代理发行的机构全部收购，并将资金全部划付给公司；然后再由代理机构逐步向社会发售，或直接作为代理机构的投资。

债券发行方式不是固定不变的，公司应根据具体情况作出合理的抉择，既要保证筹资成功，又要努力降低筹资成本。

⑤交付债券，收缴债券款，登记债券存根簿。发行公司公开发行公司债券，由证券发行机构发售时，投资者直接向承销机构付款购买，承销机构代为收取债券款，交付债券；然后，发行公司向承销机构收缴债券款并

办理结算手续。

根据我国公司法规定，公司发行的公司债券，必须在债券券面上载明公司名称、债券票面金额、利率、偿还期限等事项，并由董事长签名，公司盖章。

公司债券应在置备的公司债券存根簿中登记。公司债券可以分为记名公司债券和无记名公司债券，对于前者，应在存根簿上载明的事项包括：

A. 债券持有人的姓名或名称及住所；

B. 债券持有人取得债券的日期及债券的编号；

C. 债券总额，债券的票面金额，债券的利率，债券还本付息的期限与方式；

D. 债券的发行日期。

对于后者，应在公司债券存根簿上载明债券总额、利率、偿还期限与方式、发行日期及债券的编号等事项。

2. 企业发行债券的成本分析

债券发行成本，是指发行债券所支付的各种费用和利息。

债券发行成本是由债券发行额、发行价格、票面利率、发行费用、偿还期限、还本付息方法等因素决定的。现按发行程序分析如下。

（1）最初费用

指债券发行前与发行初期的费用。它包括：债券印刷费、广告费、律师费、债券登记费、包销手续费、代理人手续费、其他费用（债券上市审查费、上市手续费、上市税费、牵头人杂费等费用）。

（2）期中费用

是给支付利息的代办机构手续费，一般为付息额的0.15%～0.25%。

（3）还本手续费

也是付给代办机构的手续费，一般为还本金额的0.1%。

为了计算成本，还必须计算发行差额和债券平均年限。

发行差额是发行债券面额和发行价格之间的差额。

债券平均年限是指十足运用债券发行额的年数。这是因为债券的还本不是在偿还期限满期时才一次还清，而是在一定期限内不还本，只付息，能够全额运用资金，这期间称为宽限期。在宽限期之后，才开始分期还本付息，直到期满为止。因此，发行者只是在宽限期内才能十足运用发行额，宽限期后，随着还本数额的陆续增加，用款数额就逐渐减少。这就产生了十足运用发行额的年数，它并不等于债券发行年限。把债券发行年限减去没有用款的年数，而得出十足运用发行额的平均年数就是平均年限，其计算式为：

$$\text{平均偿还年限} = \text{偿还年限} - \frac{\text{每期偿还额} \times \left(\text{债券年限} - \text{宽限期}\right) \times \left(\text{债券期限} - \text{宽限期} - \frac{1}{2}\right)}{\text{债券发行额}}$$

设例计算如下：

某企业发行债券100万元，债券年限为10年，宽限期为5年，从第六年开始还本，每半年还一次，每次还本10万元。发行价格为99%，票面年利率为8%，其费用约定为：

期初费用：包销费用按发行额的1%计算；代理手续费为发行额的0.2%；债券登记费为发行额的0.05%；印刷费共1 300元；律师费500元；各种杂费800元。

期中费用：按支付利息额的0.2%计算。

还本手续费为本金的0.15%。

（1）发行成本计算公式为：

$$\text{债券发行成本率} = \frac{\text{期初费用} + \text{期中费用} + \text{还本手续费} + \text{发行差额} + \text{利息}}{\left[\text{发行额} - \left(\text{期初费用} + \text{发行差额}\right)\right] \times \text{平均年限}} \times 100\%$$

依上例计算如下：

①期初费用

包销费用：100 万元 ×1% =10 000（元）

代理手续费：100 万元 ×0.2% =2 000（元）

债券登记费：100 万元 ×0.05% =500（元）

印刷费：1 300（元）

律师费：500（元）

各种杂费：800（元）

合计 15 100 元

②期中付息手续费：100 万元 ×8 ×0.2% =160 元

③还本手续费：100 万元 ×0.15% =1 500 元

④发行差额：100 万元 ×（1 −99%） =10 000 元

⑤发行利息（年利 8%）：100 万元 ×8% ×10 =800 000 元

⑥平均年限

$$=10\text{ 年}-\frac{10\text{ 万元}\times(10\text{ 年}-5\text{ 年})\times(10\text{ 年}-5\text{ 年}-\frac{1}{2})}{100\text{ 万}}=7.75\text{ 年}$$

$$\text{发行债券成本率}=\frac{15\,100+160+1\,500+10\,000+800\,000}{[1\,000\,000-(15\,100+10\,000)]\times 7.75}\times 100\%=10.9\%$$

（2）债券发行者实际利率：

$$\text{债券发行者实际利率}=\frac{\text{债券发行成本}}{\text{（不含利息）}}+\frac{\text{认购者到}}{\text{期日收益率}}$$

①债券发行成本（不含利息）

$$=\frac{15\,100+160+1\,500+10\,000}{[1\,000\,000-(15\,100+10\,000)]\times 7.75}\times 100\%=0.35\%$$

②到期日收益率

$$=\frac{1\,000\,000\times 8\%+10\,000\div 10}{1\,000\,000\times(1+99\%)\div 2}\times 100\%=8.14\%$$

③债券发行者实际利率 =0.35% +8.14% =8.49%，与票面年利率 8% 比较，考虑发行成本因素后的实际利率为 8.49%，高出名义利率 0.49%。

三、企业债券融资的技巧与实务

1. 债券发行的数量与期限的确定

不论发行何种债券，发行单位应对债券发行的数量做出科学的判断。如果债券的发行数量少，筹集资金不足，必然达不到最初的发行目的，或影响企业生产经营发展。发行数量多，使资金过剩，不仅增加发行公司的利息支出，加重债务负担，也必然会影响资金使用效果。所以，企业发行债券的数量存在一个合理的界限。

确定发行债券的合理数量界限，首先应比较各种融资方式的资金成本和方便程度。筹资方式多种多样，每一种方式都各有利弊，为此就要选择最经济、最方便的资金来源。如果通过比较分析，认为发行债券是最优的或唯一可取的方案，那么债券发行的数量界限就是企业资金的合理需要量或某个投资项目的资金需要量。如果其他更优的方案所能提供和筹集的资金，不足以满足企业全部资金需要而需发行债券时，债券发行的数量界限，就是企业资金的合理需要量或其投资项目的资金需要量，减去其他更优方案所能提供的资金数额之差。在决策过程中，发行债券的数量要与用款数量尽量吻合，避免给企业造成高利息支付的浪费。

另外，债券数量的确定一定要考虑企业未来盈利能力和偿还能力，以及通货膨胀可能抵销掉的一部分资金金额。表明企业偿还能力的指数，称为负债界点。这种负债界点既反映了企业偿还债务的能力，又反映了企业支付利息的盈利状况，对债券发行公司十分重要。负债界点的计算公式为：

负债界点 = 销售收入 × 负债界点比率

　　　　 = 销售收入 × （销售利润率/借款年利率）

例如：某公司销售收入 2 800 万元，销售利润率 6%，借款年利率 7%，代入上式可得负债界点 = 2 800 × （6%/7%） = 2 400 万元这表明公司负债不能超过2 400万元，否则要出现亏损。2 400万元扣除其他负债项目（如银行贷款）的数额，就是发行债券的最大幅度。

紧接着一个问题是要选择一个恰当而有利的债券期限，即在债券偿还期为短期（1年之内）、中期（2~5年）、长期（5年以上）三者之间进行选择，并具体确定偿还期限的月度数或年度数。

解决债券偿还期的确定问题时，应注意考虑以下因素。

(1) 投资项目的性质

不同投资项目是考虑偿债期的主要依据。一个企业为某项生产性投资建设项目筹集资金而发行债券时，期限应长一些。因为一般只有在该项目投产获利之后才有偿债能力；如果企业是为设备重新改造筹资，期限可相对短一些；如果企业是为了满足暂时性流动资金的需要而发行债券，债券的期限可安排为几个月。总之，债券的期限要与筹资用途或者投资项目的性质相适应，目的是付出最小代价，最大限度地利用发行债券所筹措到的资金。

(2) 债券交易的方便程度

债券交易的方便程度主要取决于证券市场是否完善发达。如果证券市场不发达，债券难以流通、转让和推销，债券发行者就尽可能发行短期债券，以增加对投资者的吸引力。这几年我国企业发行债券的期限基本上都是在三五年以内，这是与我国债券市场仍然欠发达的现状密切相关的。

(3) 居民的投资心理状态和消费趋势

有的地区居民心理相对偏于保守，一般都对较长期限的债券有抵触心理；有的地区居民具有较强的投资意识和冒险精神，只要有较高的投资收益，就敢于购进长期债券。至于消费趋势，主要是考虑消费投向对债券期限的影响。比如近年我国大中城市中，大部分居民家庭中高档家用电器消费量已趋于饱和，居民手中的现金往往长期存入银行，这时多发行一些长期债券易被居民接受。

(4) 证券市场上其他债券的期限和利率变化趋势的预测

以利率变化预测为例，假定根据预测结果，近期内，利率将要降低，企业应选择发行短期债券，以利于发行者以较低的债券利率发行新的债券，从而降低整个资金筹措成本。反之，如果预测到将来利率将要提高，则宜发行期限较长的债券，以避免利率上升后发行新债券，导致的资金筹措成本的增加。

2. 债券发行的价格策略选择

债券的发行价格，指的是债券从发行公司转移到初始投资人手中的价格。根据市场情况，发行公司可分别采取面值发行（平价发行）、溢价发行与折价发行三种发行价格。初次发行的债券，其预期收益就是利息，发行价格由面值和利息所决定。债券平价发行，表明债券发行公司确定的债券票面利率和实际市场利率正好相等。在西方证券市场瞬息万变的情况下，按面值卖出债券的情况是少见的。常见的是溢价发行和折价发行。在债券溢价发行的情况下，投资者按比债券票面金额高的价格购买了债券。因为债券发行时的利率高于市场利率，债券溢价发行对于发行公司有一种补偿与调整作用，即是对票面利息费用的调整，这就使得发行公司和投资者谁也不吃亏。债券的名义利率低于实际市场利率的情况下，投资者势必没有购买欲望。因此，债券发行者只能以低于债券面值的价格出售，即债券折价发行。其出售价格低于债券面值的部分，称为债券折价。债券折价相当于债券发行者预付给债券投资者的一笔利息，从票面利率与市场利率的对比分析来看，发行公司和债券购买者也都不吃亏。

以上三种价格形式，到底采取哪一种形式，才能使发行公司达到既降低筹资成本，又吸引投资者的目的，其决策技巧主要是综合分析三个因素：一是实际市场利率，这是普通投资者对债券等有价证券所期待的最低利率；二是社会经济状况；三是发行公司自身未来的盈利能力和偿还能力。

下面在此基础上，以复利计息说明一下发行价格的计算。其公式为：

$$发行价格=[债券总面值\times\frac{1}{(1-市场利率)^n}-债券到期利息总额\times(1-市场利率)^n]/债券发行数$$

其中：n 为偿还年限。

例如：某公司决定发行400份面值为200元的债券，票面年利率10%，每年付息一次，5年到期。假设现在的市场利率为12%，该公司只能折价发行这部分债券。

$$发行价格=[400\times200\times\frac{1}{(1+12\%)^5}+400\times200\times10\%\times(1+12\%)^5]/400$$
$$=45\ 360+28\ 840/400$$
$$=185.5\ (元)$$

所以这批债券只能以185.5元折价出售，每份折价200－185.5＝14.5元。

如果目前的市场利率不是12%，而是8%，票面利率不变，则公司可以溢价发行这批债券。

其发行价格＝216.6（元）

每张债券溢价16.06元。

3. 债券发行的利率决策

所谓债券发行利率，是指债券发行人在债券正式发行前，报经中国人民银行批准并印制在债券票面上的利率。债券利率与银行存款利率不同，银行存款，只要存款期限一致，任何一家银行的存款利率都是相等的。同一期限的不同企业债券，由于发行企业的情况不同，其利率往往是不一致的。债券市场比较发达的国家，债券利率是根据市场资金供求情况，随行就市，并没有量的控制。债券利率的差异，实质上就是企业信用度的差异。在一些经济发展中国家，由于资金短缺，资金市场机制不完善，企业在市场上争抢资金带有较大的盲目性，因此往往对债券发行利率实行管制，以避免因对利率放任自流而导致市场秩序混乱。此时，企业债券的利率很有可能会在规定的最高限附近徘徊，同期限的债券利率也可能趋于一致。

我们知道，发债企业是按照债券的发行利率与期限支付给投资人利息的。利率越高，企业所支付的利息越多，企业筹资成本也就越高，同时购买该债券的人也就越多。反之，企业筹资成本降低，投资人所得收益减少，债券购买人相对来说就减少。

企业债券的发行利率，包含有两个内容，一是债券发行利率的高低水平，即是我们通常所讲的印制在债券票面上的月利率、年利率的具体数字；一是利息的支付方式，即企业采用何种方式支付给投资人利息。

债券利率决策问题的综合性强，企业需要认真分析。确定债券利率总的原则是，既要在发行人的承受能力之内，又能对投资者具有吸引力。根据我国目前的实际情况，确定债券利率时应主要考虑以下因素。

（1）银行同期储蓄存款利率水平

银行储蓄和债券是可供投资者和居民选择的两种基本投资形式，两者都具有收益高、风险小的特征。但由于企业债券资信低于银行储蓄，所以一般来说，企业债券利率应略高于同期储蓄存款利率水平，这是债券利率的下限。我国有关制度规定债券利率不应超过同期储蓄存款利率的40%。

（2）发行公司的承受能力

为了保证债券到期还本付息和债券发行者的资信，需要测算投资项目的经济效益，量入为出。投资项目的预计投资报酬率是债券利率的上限。

（3）税收因素

现行税收政策规定，确定债券利率应将计征的个人所得税因素剔除，以保证投资者的收益。

（4）发行公司的信用级别

如果发行公司的社会知名度较高，信用较好，则可相应降低利率；反之，则相应提高利率。

4. 债券发行的时机选择与品种选择

从发行企业的利益分析，发行债券，虽然成本要比股票来得低，并具有自主性、灵活性等优点，但发行企业也必须考虑因借债带来的财务风险。因此，发行企业债券，必须研究在什么条件下发行，才可能避免或减少企业的财务风险。一般来说，在如下一些情况下发行最为有利。

(1) 公司的负债率低

公司负债的总额不能超过公司实有资产净值的一定限度，如果公司的负债对净值的比率超过一定限度，则该公司继续对外借债必然发生困难，甚至引起债权人的抗议。所以，公司只有在负债率不高的情况下，才适宜发行企业债券。

(2) 预期收益乐观

公司发行债券融资，总是希望以其所融资金投入生产经营后，能获得大于债券利息的净利润。在公司的销售与利润水平稳定，资金的使用效益能达到预测的效果时，如果预测的销货量及收益继续增加，则发行债券以扩大生产规模，将是可取的方案。

(3) 物价预测上升

物价上涨，造成货币购买力下降。如果预测物价继续上涨，发行企业债券对发行人比较有利。因为发行企业债券之后，货币购买力降低，企业债券到期偿还本金的金额，其实际价值比发行时已大幅降低。然而公司运用发行债券所得资金购买的资产，价值却不会因货币的贬值而降低。

(4) 股价偏低、发行普通股票所得的资金数额与股票的发行价格有直接关系

当股票市场价格偏低时，一般只能平价或折价发行，很难实行溢价发行，对发行公司将带来很大的损失。而且股价低落时，投资者的购买兴趣必然不高，使普通股发售困难，这时发行企业债券就有利。

选择债券种类的基点在于，发行公司必须弄清什么样的债券对投资者具有吸引力。同时，发行公司收益水平的高低和偿债能力的大小，也是决定性因素。所以，发行公司还须将其自身的收益水平和偿债能力与其他发行公司进行横向对比，分析其优劣，扬长避短，才能做出债券发行合适种类的决策。

如果发行人通过比较，认为本公司在投资者心目中有相当高的吸引力，发行公司本身已经具有良好的信誉及知名度，可选择发行普通的、无附加条件的债券。

如果发行人发现公司对投资者的吸引力不足，或投资者对公司一般情况还很陌生，应选择一些可附加条件的债券种类，如可兑换债券、担保信托债券、保证债券等等。显然，在同等条件下，这些类型的债券将增强证券投资者的信心，有助于提高证券发行的效率，但是附加条件越多，越优惠，对发行公司本身的束缚也就越多。

四、发行可转换债券的融资策略

1. 可转换债券：企业债券的另一族

企业可转换债券是根据投资者的意愿，将所持债券以市价转换为发行的股票，更多的则是以相应股票发行时的市价为基础，溢价转换。如果投资者行使转换权，转换后的债券持有者就变为股东，企业的债务减少，资本金增加。投资者也可以不行使转股权力，一直持有到债券期满为止。

可转换公司债券兼具债务和股本两种性质，二者密不可分。对投资者而言，该类债券提供了债券所能提供的稳定利息收入和还本保证，也提供了股本增值所带来的利益。对这类债券支付的券息或红利通常高于普通股红利收益，因而这种市场价值下跌的潜在风险有限，又具有固定收益的金融工具，吸引了那些既渴望得到较高收益又不希望错过股票升值的潜在收益的投资者。对发行者而言，该类债券提供了在将来以高于现时股价的价格售出股票的可能性，并具有在债券转换前以低成本发行债券的吸引力。

2. 企业发行可转换债券的前期准备

上市公司发行可转换企业债券，应该在发行前做好充分的准备工作，主要包括以下五个方面。

（1）将发行可转换公司债券的议案提交董事会和股东大会批准

上市公司发行可转换公司债券，应该先获得股东大会和董事会的批准，因为发行可转换公司债券一般金额较大，对公司发展和对股东权益影

响也较大，所以，发行可转换公司债券需召开股东大会，股东大会投票通过以后，方可进行发行的实施。

公司发行债券一般要经过2/3以上董事出席的董事会半数赞成通过（公司章程另有规定除外）。一般来说，发行公司要将筹资的必要性、筹资的可行性、资金的用途等对股东做出解释，而且还必须对发行可转换公司债券的发行金额、发行时间、存续的年限、到期时间、票面利率、转换的价格、回售及赎回条款、上市的地点做出初步的估计，向股东做出说明。必要的话，公司还需做出一定的承诺，承诺发行可转换公司债券不会损害老股东的利益，使发行能够顺利地获得股东大会和董事会的批准。

（2）成立发行办公室（或发行小组），制定工作方案和工作流程图

发行公司应该成立发行领导小组，并制定工作方案和工作流程图，以便顺利按时完成发行工作。

发行可转换公司债券得到股东大会的批准后，即进入正式的筹备阶段。鉴于向批准机关申请的复杂性和难度，以及发行工作的繁杂程度，发行公司应该成立发行办公室或发行小组，并制订工作方案和工作流程图，做到专人负责，按计划的进度顺利完成各项工作。

成立发行办公室或发行小组应该由公司一位副总级领导人担任负责人，并由若干成员组成。整个发行工作包括申报、发行，由该办公室或发行小组进行总体策划，并进行适当的分工。由文字表达能力较强的人担任文字工作，外向型人员进行文件的报批与公关工作。另外，也应配备适当人员进行打字、文件的印刷和装订等工作，使成立的办公室和发行小组成为一支分工负责清楚，工作效率高的精明强壮队伍。

成立的发行办公室或发行小组应该制订详细的工作方案，并初步确定发行的准备和发行完成的各项工作时间表，并画成详细的流程图，使工作能够按时按计划完成。制订的工作方案和时间表，应该包括：何时组织召开股东大会和董事会会议；何时与投资银行取得联系，并选定主承销商；何时起草完成申报的文件，包括资金用途说明书等；何时完成会计师事务所验资和审核意见书、法律意见书；何时完成包括发行通函在内的所有文件，并向审批机关上报；何时公告发行；何时进行适当的宣传和促销；最后预计在什么时间完成整个发行工作并安排发行的可转换公司债券的上市

等等。

(3) 选择主承销商

一次发行的成功与否，与主承销商有很大关系，如果主承销商挑选不当，很可能造成发行的失败，即使是包销的情况下，如果由于主承销商及组织的承销团推销不力，或者对投资的宣传引导不力，造成公司所发可转换公司债券的销售不畅。发行不佳，对公司形象也是一个比较大的打击，很可能造成投资者对公司的发展前景发生疑问。因此，在挑选主承销商的时候，发行公司应该挑选信誉卓著、业绩良好的证券公司作为主承销商。主承销商一般负责协调发行公司的各项具体发行工作。包括负责组织编写发行的文件，组织发行债券的推介和销售，推荐发行的证券的上市交易等。选择策划水准高、公关能力强、配售技术好、行业经验丰富的投资银行，就为发行公司的顺利发行奠定了基础，不但能够顺利地为发行公司筹集到所需资金，而且还能为发行公司发行的证券在上市交易后获得良好的信誉。选择不好的话，情况则相反。有时候，市场对某一证券发行的冷漠反应往往不是由于筹资企业本身的问题，也不应责怪市场，而是由于主承销商组织表达和推广上处理不当，市场反应不够热烈会对证券销售产生不利影响。为了使发行顺利进行，并能创造出一个活跃而成功的二级市场，认真挑选主承销商就显得极为重要。

(4) 发行的宣传、公关与促销

配合发行的需要，发行公司应当进行适当的宣传和介绍，并适当地对投资者进行调查和问询，以了解投资者对发行可转换公司债券的态度，以便将来设计发行方案时，能够充分考虑投资者的需求。

公司要发行可转换公司债券，进行筹资活动，在我国现阶段，不但要获得政府有关部门的批准，而且要赢得社会和公众媒介的支持，更重要的是筹资者活动要赢得投资者的认可。顺利地将发行的证券销售出去，必须使公司在筹资的同时，尽可能地扩大公司声誉，并有效地进行一系列的宣传公关活动。

在向政府申请发行时，要在充分准备的基础上，全面进行公关活动。必要的话，要把公司的筹资活动与当地经济发展联系起来，充分宣传公司的筹资给当地经济建设、财政收入、就业、社会发展带来的影响，以促使当地政府的支持，进而获得更高一级政府的支持。总的来说，要使公司的各项公关活动深入到各级政府，以便最终使公司的筹资活动得到批准。

在向投资者进行宣传活动时，应当充分利用广播、电台、报纸等公共媒介及时地报道公司的前景和筹资目的，向投资者展示公司的发展潜力。必要的话，还应该聘请专家、学者就公司发行可转换公司债券举行研讨会，在充分吸收专家、学者意见的基础上，认真改进公司的各项工作。也可以聘请专家和学者为潜在投资者作投资分析报告，以使投资者获得专家的指导。如果是发行可转换为B股、H股或N股的债券时，由于投资于B股、H股、N股的投资者一般为境外人士，所以发行可转换为上述几种股票的债券时，其宣传公关活动就应该充分考虑境外投资者乐于接受的形式。如采取展示会，巡回推介会、午餐会等进行宣传促销活动。需要注意的是，如果发行可转换为B股、H股、N股的债券，采取私募时，一般不能采取广告等形式的公开宣传，也不宜在公共媒介上进行推广活动，应当采取路演或专题会等推介活动较为适宜。

（5）编制主要申报及发行文件，并精美印刷

发行公司应对各种资料作全面的收集，并在发行前起草完成全部发行文件，并印刷出来，重要文件等材料更应精美印刷出来。

在发行前，应该将申报的文件及发行的文件准备齐全，一方面满足批准机关批准时用；另一方面用于对投资者展示和公告。起草文件时，发行人要与主承销商及有关中介机构、财务机构紧密配合起来，按照工作进度予以完成。起草的文件不但包括申报和发行的总文件，还应该包括发行通函或章程及发行办法的实施细则。如果采取公募时，例如采取利用证券交易所的电脑系统进行发行，应该就所申购的资金如何清算、如何确定申购的中签比率等具体办法等文件一并准备。如果是采取以申购表的形式进行预约申请，应该将申请表及网点安全保卫工作的措施等一系列文件都事先准备好。假如是采取私募的方式，应将推介会或演示会的宣传材料和申购的预约申请表准备好。值得提醒的是，那些重要文件报告应该很好地打印、印刷、装订好，千万不能马虎，必要的话，应该请专门的印刷商进行统一的设计、印刷和制版。特别是用预约申请表并进行抽签以确定中签表

时，则必须请印钞厂进行制版，并规定统一的防伪标记、防伪油墨及纸张，采用先进的防伪技术进行印刷，以确保发行的顺利、公正、安全，防止出现假表和假号的现象。

3. 企业可转换债券的承销与发行方式

企业可转换债券的承销与发行方式，是与发行可转换债券的审核制度及相应的发行程序紧密联系在一起的。由于审核方式的不同，发行程序也不一样，导致承销与发行方式也不尽相同。

（1）承销方式

可转换公司债券的承销方式主要有三种：包销、余额包销、代理销售三种形式。

①包销。全额包销，又称“一次性买断”销售。这种承销形式，主要是指发行人与主承销商（或承销团）签订包销协议后，发行人发行的全部证券由主承销商（或承销团）一次性全部收购，并且按照事先约定的缴款日期付款，然后由主承销商（或承销团）自行销售的一种承销形式。这种承销方式主要有以下几个特点：

A. 发行人能及时、全额取得所发行证券的全部资金，发行人能尽快地使用所筹集的资金；

B. 销售的风险全部由承销商承担，如果销售不出去，承销商必须自己购买；

C. 承销机构对发行人的发行要求较高，同时，也要求承销机构本身的销售能力强，销售网络广；

D. 采取此种承销方式，承销的费用较高。

此种方式适用于那些资金实力强、信誉好、销售网络广、推销能力强的承销机构。同时也适合于那些发行金额较大，又急需使用资金，以及希望严格按计划使用资金的发行人采用。

②余额包销。此种承销方式的特点是：发行人与主承销商（代表承销团）签订承销协议，委托承销商发行证券，如果在规定的发行期内不能将全部证券销售出去，剩余部分则由承销商全部收购，并由承销商按规定的

划款时间，将款项全部划给发行人。这种承销方式，一般来说，发行的风险仍由承销商承担，发行人发行证券所筹集的资金仍能得到充分的保障，而且发行的费用也比包销的方式更低廉。因而，目前我国企业发行可转换债券、股票等，一般都采用此种方式，同时，对我国的证券经营机构来说，一般也大都采取这种方式，这种方式在我国现阶段是一种比较理想的方式。

③代理销售。这种承销方式是指发行人委托证券商在一定时间内代理销售其证券的一种方式，到期证券商未能将发行人发行的证券售完，将剩余证券退回给发行人的一种方式。这种方式在国外称为“尽力而为”销售方式，也就是证券商通过自己的销售网络、尽力进行宣传、推介；尽力将证券销售出去。这种方式的特点是：承销的手续费较为低廉；承销商对发行的风险不承担责任，也不担当发行失败的责任；发行人在一定期限内难于保证所需筹集的资金，而且还要冒发行失败的风险。这种方式在我国目前一般不为发行可转换债券的企业所采用。

（2）*发行方式*

发行可转换债券一般采取公募与私募两种发行方式，根据各国对发行可转换债券的管理方式不同，发行的方式也不尽一样。但一般来说，公募发行方式是发行人公开向非特定的、范围广泛的投资者募集资金的发行方式。如我国发行可转换A股债券的发行方式应该采用公募的发行方式。

①公募发行。鉴于我国公司法的规定，发行可转换债券的发行人应为上市公司，所以，在我国发行可转换A股的债券时，一般应主要采取公募的形式。由于我国发行可转换债券为审批制，即必须经过证券主管机关的批准方可发行，故发行可转换债券即使是向原股东定向配售可转换债务，也应视为公募发行。公募发行的两种形式如下。

一是通过证券交易所的电脑系统上网定价发行，主要是通过证券交易所的电脑系统，承销商作为唯一的卖方将可转换公司债券挂盘销售。

二是以认购申请表的方式预约申购发行方式。主要是在发行地区或全国主要地点设置申购的网点，投资者先填写认购申请书，就申购的数量等进行预约认购。

此外，在通过证券交易所网上定价发行和以申请表预约申请的方式下，采取招标的方式来决定可转换债券的投资者和可转换公司债券的发行方式，对发行人来说有可能获得较满意的结果。招标的方式主要采取竞价发行或利率竞标两种方式。

一是竞价发行。主要是发行人确定票面利率和可转换债券的发行总数量，发行价格和认购额由投资者以竞标的方式进行，从最高报价顺序往下选定投资者，直到预定的发行额或允许超过的最高发行额。中标的投资者以其竞投的数量按统一的价格认购。

二是利率竞标。主要是发行人事先确定发行可转换债券的总金额，票面利率，通过投资者竞标方式，发行人通过投资者所申报的利率选定最低利率作为发行可转换公司债券的利率，并从投资者选定的最低利率依次选定投资者及其投资金额，直至达到预定发行可转换公司债券的总金额为止。

值得一提的是，在选择主承销商时，发行人根据发行的初步条件，通过竞标的方式来选定主承销商或承销团，也不失为一种有效率、公正的方式。

②私募发行。在目前条件下，我国上市公司发行可转换 B 股、H 股或 N 股的债券时，应该适当采取私募的方式发行，这样做一方面可以扩大企业的信誉和知名度，提高我国企业的国际竞争力；另一方面，能扩大我国企业的融资范围和融资金额，促使我国企业的筹资逐渐走向国际资本市场。

私募发行是指发行人向少数特定投资者发行的方式。一般来说，主要是仅将与发行人，或承销商具有某种关系的投资者作为发行对象。不过，上述所说的“少数”在不同的国家，有不同的规定，如美国要求 35 人以下为少数，日本则要求 50 人以下为少数，欧洲国家则对公募、私募人数没有具体的规定。

私募发行与公募发行相比，有如下特征：

A. 私募发行一般不向证券管理部门办理发行的注册手续，可节省费用开支和发行时间，降低了发行的成本；

B. 投资者比较确定，由于私募发行一般事先确定好投资者，投资者、发行人与承销商具有某种特定关系，所以私募发行金额容易得到保证，发

行的时间也较短；

C. 由于私募发行不用进行注册登记，一些财务状况不很理想，难以满足公募发行条件资格的发行人也能筹集资金；

D. 私募发行一般不能公开上市交易，但日本则允许私募债券上市交易；

E. 私募发行，投资者持券转让受到许多限制，发行人一般要向投资者提供较优惠的条件，比如较高的利率及较好的回售条款等，使发行人增加较大的成本；

F. 私募发行也不利于发行人提高信誉和知名度。

我国目前发行可转换成B股或外币计价的股票时，由于一些原因，一般采取私募发行的形式。

发行可转换成外币计价股票的债券时，主要以两种货币进行计价，一种是美元，一种是瑞士法郎，并相应地称作欧洲可转换公司债券和瑞士可转换公司债券。

从目前情况看，按照瑞士国家银行的要求，瑞士法郎标价的可转换公司债券只有在瑞士发行、并由瑞士的银行作为主承销商承销的可转换公司债券才被认为是合法的，并被称作瑞士可转换公司债券。

以美元计价在欧洲发行的可转换公司债券则被称作欧洲可转换公司债券。最近几年，出现了一种以美元标价、受瑞士监管、在瑞士发行并主要在瑞士配售的新可转换公司债券，称作“Alpine”(阿尔派)。

可转换公司债券的国际发行中心主要有两个：一个是瑞士；一个是伦敦。前者的特点是：除了日本以外，具有全世界最低的利率水平；具有较低的发行成本；有众多的金融机构。后者的特点是：全球的金融中心和投资中心，是国际大型投资基金和金融管理公司的聚售之地。

在国际上发行可转换债券时，企业应根据自身的情况以及目的，选择发行瑞士可转换公司债券、欧洲可转换公司债券，还是Alpine方式发行。如果是私募发行，特别重要的是选择实力规模大、信誉较佳、有丰富的发行经验和较强的策划能力，以及有较强的销售网络和筹资能力的投资银行作为主承销商，是成功发行的基础。否则的话，容易导致发行的失败。

4. 企业可转换债券的流通

企业可转换债券一经发行后，就进入了流通市场，流通市场就是指买卖已发行债券的市场。企业可转换债券的流通市场一般由证券交易所交易和柜台交易所构成。

(1) 证券交易所交易

证券交易所交易通常称为场内交易。它是一种经过证券主管机构批准，专门进行证券集中交易的场所。证券交易所的组织形式为公司制和会员制。公司制交易所是由投资者组织的以盈利为目的股份有限公司；会员制交易所是以自然人或法人为会员的不以盈利为目的的组织机构。目前，在我国只有上海证券交易所和深圳证券交易所两家，其组织形式均为会员制的非营利性社会法人。只有交易所会员才能在其市场从事交易活动，投资者只能以委托的方式通过会员参加交易。

从证券交易所交易的结构看，能够在交易所直接买卖可转换公司债券的，只限于交易所的会员。因此，一般人如果需要买卖上市企业可转换债券，须委托具有会员身份的证券公司，由接受委托的证券公司在交易所寻找买主或卖主，促成证券交易。

证券交易所交易的特点有以下三点。

其一，是有严密组织和管理规则的交易。证券交易所必须按照有关法令，经政府特许才能成立。证券交易所是一个自律性的管理机构，有严密的组织性；有明确的责任分工和健全的内部管理制度；并且对上市证券的标准及审批、进场交易的人员、上市交易的证券都有严格的规定。

其二，是证券买卖完全公开的交易。证券交易所采用公开竞价的方式进行交易，在这种竞买竞卖的过程中，当买卖双方对某一彼此都能接受的价格表示同意时，才拍板成交。证券交易所随时公布股票价格指数；随时提供上市证券的交易情况；同时，证券交易所要求上市公司必须定期真实公布其财务状况和经营成果，便于投资者的证券买卖和投资选择。

其三，为证券买卖双方提供公正交易。由于证券交易所本身既不持有证券，也不参与证券买卖，更不能决定证券的价格。交易所中的证券买卖

价格是根据买卖双方限定的价格范围，通过公开竞价形成的，交易所只为证券买卖双方成交创造条件，提供服务，并对双方进行监督。

(2) 柜台交易

在证券交易所以外的市场进行的证券交易，叫柜台交易，也称场外交易或店头交易，在证券公司之间或证券公司与顾客之间所形成的买卖中心面对面进行。

柜台交易的特点主要从柜台交易与交易所交易的不同之处来说明。

其一，市场场所。证券交易所一般有集中、固定的交易场所，有完善的交易设施和较高的操作效率，并设有中央市场。柜台交易是不固定交易场所，没有中央市场，而由分散在各地的、规模大小不等的证券交易市场构成。

其二，交易对象。证券交易所交易的证券必须是批准上市的证券，未经批准上市的证券不得在证券交易所上市交易。柜台交易的证券大量的是未在交易所登记上市的证券。未上市交易的原因是多方面的：有的因不够上市交易资格而未上市；有的够上市资格而不愿上市；有一些零股买卖只能在场外交易等。少量上市证券也可在柜台交易进行买卖。

其三，交易价格方式。证券交易所的价格是由买卖双方竞价拍卖形成，柜台交易是由买卖双方协商议定。投资人可直接与证券公司议价买卖，也可以委托经纪人与证券公司议价买卖，即先报价后还价来协商定价。

其四，交易规则。证券交易所交易有严格的交易规则，手续复杂。证券交易所交易的证券必须以一定数额为一个单位，即最低交易额。柜台交易规则较灵活，手续较简便，从而为证券买卖的双方提供了直接进行交易的便利条件。此外，柜台交易中没有起点限制，零星的小额交易也可成交。

从以上分析中可以看出，股票交易大部分都是证券交易所交易，债券交易大部分是柜台交易，而几乎所有企业可转换债券都在证券交易所上市交易。因为企业可转换债券是转换前属债券，转换后属股票的特殊债券，如转换成功，企业可转换债券都成为股票，它的买卖交易与一般债券以柜台交易为中心的结构不同，而是与股票一样，即在证券交易所进行的交易占大部分。

可转换公司债券不是都可以自由上市交易，若要上市交易，世界各国都有相应的审批制度，符合条件和制度要求的上市公司的可转换公司债券，才能够上市进行自由买卖。同样，中国也不例外。

5. 企业可转换债券的承兑

大多数企业债券的发行人都给投资人两个承诺：第一是在规定的日期支付一定的利息；第二是到期偿还本金。但是企业可转换债券的发行人给投资人三个承诺，除了上述两个承诺外，还承诺允许投资人将企业可转换债券按照事先规定的转换价格，在一定期限内转换成固定数量的普通股。所以企业可转换债券可以称为“混合”证券，既具有债券性质，又具有股票性质，购买了可转换债券后，投资人可以有以下几种做法：

①持有企业可转换债券直至到期日偿还本金；

②将购买的企业可转换债券在市场上出售；

③将企业可转换债券转换成普通股；

④将转换成的普通股在市场上出售。

相对于投资人购买企业可转换债券的 4 种做法，发行人对于企业可转换债券的承兑一般有 4 种方式：即到期偿还，提前偿还，赎回条件下偿还和回售条件下偿还。

①到期偿还。所谓到期偿还，就是按照企业可转换债券发行时约定的偿还期限，到债券期满时，将应付偿还的金额一次全部偿还完毕。可转换债券到期偿还，即意味着转换失败。比如宝安 A 股可转换债券期限 3 年，至兑付前只转换了 69.16 万股，占总数比例的 2.7%，虽然企业可转换债券利率较低，宝安 A 股企业可转换债券票面利率仅为 3%，但企业可转换债券在转换成股票之前是一种债券，而不是一种股权，所以宝安集团在兑付时颇感拮据。

②提前偿还。所谓提前偿还，即在债券到期之前便开始分次偿还发行额，到债券期满时已全部偿还完毕，企业可转换债券提前偿还，也意味着转换的失败。发行者为了分散到期偿还债务负担，可以在到期偿还之前按

一定时间和一定比例分次偿还，也可以自由确定时间分一次或几次来偿还。发行人可以委托证券公司从证券持有者手中，以双方都认为合适的价格将债券再买回来，从而解除双方债权债务关系，并可提高债券的流通性。当然，发行人应积极买进部分债券，并尽可能减少债券持有者利益的损害。

③赎回条件下偿还。发行人通常在以下两种情况下才行使到期前赎回权：一是在企业可转换债券发行一定时期后，当市场该企业股价格大幅上涨到事先限定的一定高度（国外一般是在达到换股溢价的130%～140%），且在警戒水平之上维持了一定时期（国外一般设定为20～30天）后，发行人可行使该权力，目的在于迫使债权人提前将企业可转换债券转成公司股票，从而以增加公司股本形式来降低企业的负债，达到调整发行人财务结构的目的。二是在企业可转换债券发行一定时期后，市场利率下降至债券票面利率之下一定程度时，发行人为降低利率风险，也可行使该权力，以此降低企业的巨大财务费用。从以上两种情况可看出，赎回情况下的利益绝对偏向于发行人，对投资者而言无利可图。

④投资人回售条件下偿还。到期前回售条款赋予投资人将企业可转换债券在到期前的某一指定时期内退售给发行人的机会，发行人则须以一定的溢价（往往高于原券息）还本付息给投资人。如果适逢股市低迷或发行人股票持续走软，特别是正股价跌至转换价格之下时，因投资人集中行使回售权，会对发行人构成较大的财务和经营压力，到期前回售条款是随着市场的不断发展而推出的更有利于投资人的保护权力。因为相对于发行人具有的赎回条款，含有到期前回售条款的企业可转换债券使投资人得到了一份额外保护，所以，发行人所定企业可转换债券，票面利率往往要低于不含回售条款的企业可转换债券利率，并规定更高的转换价格。

国际融资：跨国界（地区）进行资金借贷

所谓国际融资，是指在国际资本市场上进行的资金借贷行为。它一般是在一国资金供应者与另一国资金需求者之间进行，主要采取货币资金形态或实物资金形态的国际资金转移。在经济全球化日益加强的今天，国际融资有利于推动国际贸易的发展，有利于解决闲置资金的出路，有利于促进各国经济以至世界经济的发展。本章将介绍国际融资的基本方式，即国际股票融资、国际债券融资、国家（地区）基金融资和国际银团贷款。

一、国际股票融资

所谓国际股票融资，是指符合发行条件的企业组织，依照规定的程序向境外投资者发行可流转股权证券的国际融资方式。它本质上是股票发行人将企业的资产权益和未来的资产权益，以标准化交易的方式售卖于国际投资人的行为。

1. 国际股票融资的特点

企业通过发行国际股票进行融资的主要有以下特点。

（1）企业可以获得永久可用而不必偿还的外币资本

这是由股票本身的特点决定的，企业发行股票筹集的外币资本，可以大大改善企业财务结构，减轻企业财务负担，增加企业借债能力，减轻由于本币贬值而带来的外汇风险。

（2）在国际上发行股票并上市提高了企业的知名度

因为只有效益好、有发展潜力，能为国外公众所接受的企业，才能以较好的价格吸引国外投资者。同时，由于企业在国外知名度和形象的提高，为企业进一步在国际资本市场上融资争取优惠利率奠定了基础。

（3）企业将面临信息披露的压力

股票的发行尤其是公募必须提供详细的募股说明书、公司经营的重大信息，并报经国际认可的会计师事务所审核，信息的采集、审计、发布所需的成本很大，且极易涉及商业秘密，给公司经营带来不便。

（4）企业将面临投资者的压力

投资者购买股票既注重长期投资利益，也注重企业的短期表现，长期表现差的股票将被投资者从资产组合中剔除。

（5）企业面临竞争的压力

股票市场对上市公司永远存在兼并收购的压力。

（6）国际融资的局限性

企业国际股票融资存在较大的局限性，它只限于效益极好的企业。

2. 国际股票融资的主要方式

中国企业进行国际股票融资的主要方式有以下几种。

（1）发行B股

B股是指以人民币为面值，以外币认购和交易，专供境外法人和自然人以外汇进行买卖的记名式股票，它是境内居民以人民币进行买卖的A股的对称。

1991年底，我国第一只B股——上海真空电子器件股份有限公司发行了100万股，这是我国首次以股票形式吸引外资，是继我国债券走向国际市场后，我国证券国际化的又一重大举措。此后，上海、深圳两个证交所共有50家上市公司成功地向境外投资者发行了B股，筹集外资数亿美元。B股的发行，不仅加速了我国资本市场的国际化，也为我国上市公司开辟了筹集外资的新渠道。

由于B股供境外投资者认购和交易，因此B股的发行不仅对发行公司的规范化运作提出了更高的要求，而且发行程序也较A股复杂。

股份公司在决定发行B股后，首先必须物色一家证券公司担任主承销商，然后由主承销商选定一家境外证券商担任国际协调人，联系组织由国内外证券商参加的承销团。同时需要聘请国际会计师、律师共同对发行公司进行调查研究工作，准备一份详细介绍公司资产的招股说明书。调查研究工作完成后，主承销商代表承销团成员签署B股承销协议，然后主承销商再与国际协调人及承销团其他成员签署副承销协议，随后进行国际分销。

从发行费用上看，由于B股发行涉及国际证券市场，整个发行过程需要有境外中介机构参与发行，风险相对较大，所以所需发行成本也要高一些。一般来说，B股承销佣金和费用为承销额的5%，通常都加入发行价格，即：发行价＝承销净价＋承销佣金＋承销费用。其中承销费用包括国际会计师费用、国际律师费用、招股说明书印刷费用以及海外推广费

用等。

(2) 境外直接上市

到境外直接上市，即指境内企业作为境内法人直接申请到境外证券交易所上市。

我国内地注册的国有企业到境外证交所直接上市融资，是我国证券市场国际化的又一重大突破。但是，由于企业是在内地注册，要受到国内有关法规管辖，而同时要在境外市场上市，必须经当地市场监管机构同意，并符合一系列相应的法规、条例的要求，因而直接上市方式首先要求企业进行业务重组和结构重组，清除中外体制、监管等方面差异带来的障碍。所以上市前企业要做大量繁杂的资料整理、资产审核、招股书的编制、公司与证券注册、上市申请等工作，因此直接上市方式从筹备申请到最终上市，颇费时日。

(3) 发行H股

H股是指大陆企业在香港地区上市的股票。关于H股的发行规模，内地法律和香港地区法律均有规定。内地法律规定，国有股本占总股本的比例一般应在51%~75%，低于51%的，需经中国证监会等部委个案批准。香港地区法律规定，发行H股的公司如未发行A股（国内企业在深圳或者上海股票交易所上市的人民币股票），其H股不应少于总股本的25%。如公司市值超过40亿港元的，该比例可酌情降至10%~25%。如发行H股的公司已发行A股，则H股最低应为总公司股本的10%，且H股和A股总和至少为发行总股本的25%。

H股的发行方式以间接发行为主，因为中国证券市场尚不健全，H股的发行又主要涉及境外投资者，因而一般要通过中介机构发行。中介机构可以是一家承销商，也可以是由多家证券公司组成的承销团。

(4) 通过控股公司境外间接上市

通过控股公司到境外间接上市，是指大陆企业通过在境外注册一家控股公司，对国内希望到境外上市的企业控股，而由在境外的控股公司公开发行上市，并将所筹资金投资于国内企业，从而达到国内企业到境外间接上市筹资的目的。

（5）境外买壳上市

所谓“买壳上市”，是指国内企业通过收购已在境外上市的公司，即“空壳公司”的全部或大部分股权，然后注入国内资产和业务，以达到间接上市的目的。

买壳上市的优点是国内企业可以避开境外股票上市的严格规定，以及申请、注册、招股、上市等繁杂的手续，避开国内外体制、会计制度及有关法律方面的差异，从而能较快取得上市资格，而且收购空壳和注入资产在时间上有较大的选择性，因而“买壳上市”曾经是很流行的做法。但这种方式也存着一些缺点和困难。首先，可供收购的公司较少，收购价格较高。以香港市场为例，目前一个空壳公司的溢价通常为 4 000 万 ~5 000 万港元。其次，整个收购过程工作量比较大，向空壳公司提出收购建议、在不同阶段注资等，都需花费很多时间。再次，香港地区、美国等地的证交所对这种上市形式审查趋于严格。香港联交所认为这类收购上市公司的行为，如果引起上市公司资产、业务性质和管理阶层变化，应视作新上市公司对待。

（6）通过存股证（DR）间接上市

存股证（Depositary Receipt），是一种可以流通转让、代表投资者对境外证券所有权的证书，它是为方便证券跨国界交易和结算而设立的原证券的替代形式。DR 所代表的基础证券存在于 DR 的发行和流通国境外，通常是公开交易的普通股票，现在已扩展到优先股和债券。DR 可以像基础证券一样在证券交易所或场外市场自由交易，并且同时在几个国家的市场上流通，从而得以同时在多个国家筹集资金。自 1927 年摩根银行（J. P. Morgan）开创 DR 业务以来，世界上很多大公司发行过金额庞大的 DR。世界各主要证券市场上发行和流通的 DR 计划方兴未艾，其中尤以美国市场为甚。首批在美国建立存股证计划的中国公司及其融资计划有：上海石化股份有限公司的公开招股集资并在纽约证交所挂牌交易；上海二纺机股份有限公司和上海轮胎橡胶集团股份有限公司建立的一级保荐计划并在柜台交易，以及马鞍山钢铁公司的 144A 私募集资计划。由于存股证方式具有多方面的优点，国际证券市场专家预计，存股证将取代第二上市，即目前在一个以上市场直接上市的公司，未来将只选定一个市场作为本土市场进行直接上市，而在其他非本土市场则以发行存股证的方式间接上市。

目前，DR 已发展了多种形式，根据 DR 发行市场的不同可分为 ADR（美国存股证）、EDR（欧洲存股证）、HKDR（香港存股证）、SDR（新加坡存股证）、GDR（全球存股证）等等。其中 ADR 出现最早，运作最规范，流通量最大，最具有代表性。ADR 是代表美国投资者对非美国公司、政府或美国公司的海外附属公司发行的证券的所有权证书，它以美国持有人记名，以美元标价，并收取红利，在美国证券市场上交易。不论是清算、交割、过户还是所有权，ADR 均可像其他美国证券一样处理。ADR 发行公司以寄托在本国托管银行的基础证券为基础，由发行公司委托美国某银行作为存券银行，负责 ADR 在美国的发行、过户、注册、付息、信息披露等服务事项。

二、国际债券融资

国际债券是指一国政府及其金融机构、企事业单位或国际金融机构，在国际市场上以外国货币为面值发行的债券。发行国际债券对发行者和投资者都有利，才能保证债券的顺利发行。

发行国际债券，主要有以下几点好处：一是可以筹集到较长期限的资金；二是筹资可以有多样货币的选择和权衡；三是可以使债券的资金来源和汇率风险分散化；四是国际债券通常是固定利率，但各国的利率水平不同，选择余地较大；五是通过发行国际债券和信誉评级，可以提高发行者的知名度；六是投资者购买国际债券可以获得利息等收益，并拥有国际债券的较强流动性。

1. 国际债券市场

国际债券市场可分为外国债券市场和欧洲债券市场。

（1）外国债券市场

目前已有几个著名的外国债券市场，都属传统的国际债券市场。

纽约市场。在纽约发行的，以美元计价，并主要由美国国内包销集团包销的外国债券，是著名的扬基债券。这种债券以中期为主，期限为 6～8 年，借款人一般为国际机构、外国政府和外国公司企业。在美国发行外国债券要经美国证券交易委员会批准才能向公众发售，并接受其监督。

东京市场。在日本主要的著名外国债券称为武士债券，发行期限为中长期 5～20 年，发行人为国际机构、各国政府机构和外国公司企业。发行武士债券要经大藏省批准，并需由日本主要证券机构牵头发行。

伦敦市场。伦敦是国际传统债券市场。在英国发行的外国债券称为“猛犬”债券，发行期限灵活，为 5～40 年。外国政府及机构、大型外国企业均可发行，由伦敦市场的银行组织承销团包销。

苏黎世市场。苏黎世债券市场是目前世界上最大的外国债券市场。在瑞士发行债券也需经瑞士银行批准，发行期限为 8～15 年。债券发行必须由瑞士本国银行与金融公司承担，由固定的包销团按固定比例包销。

法兰克福市场。它是德国的重要金融市场，其债券市场的特点是由本国六家主要银行组成外国债券委员会，负责组织发行。欧元债券的发行期限为 5～10 年。

(2) 欧洲债券市场

欧洲债券市场发行的计价货币包括美元、欧元，以及日元、加拿大元等。欧洲债券的发行评级、申报手续和资料提供不受当地政府控制，但必须遵守所在国的法律和一般规则，而手续要比外国债券简单得多。欧洲债券是新型的债券市场，发展很快，债券的种类很多，发行量也很大。

2. 国际债券的种类

国际债券的种类繁多，而且通过创新，其种类还在不断地增加。

按债券能否转换成股票，可分为以下几种。

(1) 直接债券

直接债券是最普通的债券。具有如下特点：

①大多数是可以赎回的；

②属于不可转换的债券；

③利率固定；

④债券一旦发行，不可赎回的期限有5年或5年以下的；

⑤赎回价格随时间而降低，开始时赎回价格高，临近到期日，其赎回价格降低到等于面值。

(2) 可转换债券

可转换债券具有如下特点：

①在直接债券基础上加上一个可转换成股票的选择权；

②属固定利率债券；

③按这种债券的特性，可以在一定条件下转换成筹资公司或担保公司的普通股票；

④可以在股票价格上升，或在期限内股票标价的货币升值时，获得转换股票的收益；

⑤可转换债券的票息率比直接债券低；

⑥在货币转换的情况下，债券通常能按债券发售时的汇率转换成普通股而起到保值的作用。

(3) 授权证债券

授权证债券是作为可转换债券的一种竞争物而出现的。实际上国际债券市场上的借款者，在发行固定利率债券、零息债券以及浮动利率票据时都可以附上授权证。授权证的意义在于其发行人实际上是向投资者提供一种可以用于证券组合管理或投机的工具；是发行人授予投资者的一种没有责任的权利。这种权利是根据预先协定的条件可购买某些资产，如认购股票的叫认股权证，购买债券的叫新债授权证，统称为证券授权证。也可根据事先商定的价格买入外汇或黄金。授权证还有单纯授权证（即附有可获得利息的息票），有的授权证规定在有效期内的任何时间，按事先商定的金额可提前赎回等等。

按利率的不同确定方式划分，可分为以下几种。

(1) 固定利率债券

固定利率债券是指利率固定的债券。这种债券可以按面值平价发行，也可以折价发行，并附有年息票。固定利率债券的期限一般在3~7年之间，个别也有长达40年的。据美国有关人员统计，已发行的债券中固定利率债券约占1/4。还可以在发行时注明固定价格债券有转换成其他类型证券的权利。固定利率债券在交易中常出现提前赎回债券的情况，提前赎回使发行者可以利用买入或卖出期权来加速赎回过程。提前赎回一般情况是按债券面值进行。有些债券规定允许投资人选择与面值货币不同的另一种货币，这对一些外汇管制较严的国家投资者具有吸引力。赎回债券时要考虑投资人的利益，把偿付的本金与货币汇价指数或与某些交易所的指数结合计算，使持券人不受损失。

目前，固定利率债券仍然是国际债券发行的主要部分，具有极大的吸引力，发行量仍显著增加。

(2) 浮动利率债券

浮动利率债券也叫浮动利率票据，产生于20世纪70年代初期。从理论上说，浮动利率债券不会发生负收益的情况，因为一旦市场利率变化，它也可以跟着调整利率，因而比市场价格变动要小得多。浮动利率债券具有如下特点。

①属中期证券。期限在5～15年之间，也有期限更长者，而且还出现了没有终期的永久性浮动利率债券。

②面值。浮动利率债券最初是以1 000美元为面值的，随着机构性投资者越来越积极地参与市场，面值就逐步扩大为10万美元或25万美元。

③参考利率。息票上标明的参考利率通常由国际金融市场上银行间同业拆借优惠利率决定，在每次利率期终支取时调整一次。

④无记名，附息票。

(3) 零息票债券

这种债券不附带息票，投资者不收利息，而是折价发行、折价购买，到期时按债券面值偿还。

(4) 限定下浮债券

这种债券具有如下特点。

①当浮动利率债券的利率降到一定水平时，它就自动变成为固定利率债券。

②变动前的一段按浮动利率，变动后的一段按固定利率。如果市场利率又往上升，这时对发行者有好处，可节省利息支出；若以后利率下降，投资者仍按固定利率支取利息，不致扩大损失。

按发行货币划分，可分为以下几种。

(1) 双重货币债券

这种债券的特点有以下三点。

①发行时的面额货币是某种货币，付息也用这种货币，而还本时用另一种货币。

②由于双重货币债券的面额货币和本金货币的汇率是在签订债券发行合约时就确定了的，因而双方都可以避免外汇风险。

③双重货币债券利率较适中。通常情况下，美元债券利率较高，一般在8%以上，而日元债券利率较低，为6.5%。如在市场上用日元-美元双重货币债券，则这种债券的利率就介乎二者之间，为7.5%。这种债券的好处是，对购买者来说，购买双重货币债券比发行美元债券的利率成本低，双方都能获益。

(2) 货币择权债券

货币择权债券是指投资人可以在两种货币择权债券中，如美元-英镑择权债券中，在每个息票日之前，选择利息支付货币，即利息支付可选择美元，也可选择英镑。债券投资人的收益决定于汇率的变化和投资人的选择，但选择的货币以及货币的汇率都在债券发售时确定。在英镑相对于美元升值时，货币择权债券对投资人来说优于同样利率的直接债券。在美元相对于英镑升值时，货币择权债券的收益等于直接债券。多数货币择权债券只包括两种货币，唯一的例外是欧洲货币单位债券包括多种货币。

此外，随着金融创新，还出现了一些新的国际债券种类，如短期票据和合成债券等。

短期票据是一种欧洲票据信用，是由借款人发行一系列短期票据，以筹集短期资金，主要以美元和欧洲货币单位发行。

欧洲票据有三种形式。

一是非承销欧洲商业票据。它是1984年创立的，由借款人发行短期票据筹资，期限为 7～365 天，不经过承销而由自营商分销。欧洲商业票据与美国商业票据的区别在于：欧洲商业票据不以特定的备用额度做后盾，没有银行的承诺支持，因而没有银行的临时风险；美国商业票据有公司信用额度的支持，并有信用级别的评判。

二是承销欧洲票据贷款，包括如下几种。

①票据发行贷款。这种票据对借款人很有吸引力，可以代替银行借款，是承销性的欧洲票据之一。由借款人发行一系列 3～6 个月的短期票据，可筹集到中期资金。承销的办法是由一个或一组银行对票据安排发行或投票发行。通过在每个周转日购买未出售的票据或提供备用信用，为借款人筹资担保。承销银行只为信誉好的借款人发行，因而风险小，利差及费用也较低，对借款人有利。

②展期承销票据。这种票据可以展期，一般为 3～7 年，规定的到期日为 1 个月、2 个月或 6 个月。其特点为：购买者多为欧洲和日本银行；这种票据不可撤回；不必在证券交易所注册；借款人可以预定利率（或低于这个利率）发行短期可转换本票（即欧洲票据）；由银行担任销售此类票据的安排人；由 15～20 家商业和投资银行以及愿意短期投资的大机构组成“投标小组”安排销售；银行安排人对其海外销售提供担保；展期信用额度部分由银行安排人协调，把参与贷款部分出售给若干展期信用银行。

三是多成分票据贷款。这种短期票据一般期限为 3～6 个月，固定到期日，不能展期，由一个或几个推销机构分销。借款人能够通过不同市场实现转换，以获得最便宜的资金来源，但要支付管理费和承销费。

合成债券是一种把固定利率债券和互换交易一类的工具合成起来的金融产品。合成债券一旦合成，其特性与其合成的成分完全不同。也就是说，合成债券在形式上类似于资产互换，但资产互换在构成时需要同时购买一份固定利率票据。也就是说，当固定利率债券由于市场变化一时缺乏流动性时，就可以通过利率互换，转换成浮动利率票据，而且比单纯浮动利率票据收益更高。这种合成债券给借款人带来许多方便，投资者可以从银行直接购买合成债券，而不必分别购入不同的工具由自己变为资产互换。合成债券具有资产互换的所有优点，同时又省去了资产互换为履行不同的合约所消耗的时间和精力。

3. 国际债券的发行

1982 年 1 月，中国国际信托投资公司在东京发行日元私募债券，从此揭开我国利用国际债券融资的序幕。30 多年来我国发行国际债券经历了起步阶段（1982—1984 年）、稳步发展阶段（1985—1988 年）、急剧缩减阶段（1989—1990 年）、重新恢复阶段（1991—1992 年）和迅速增长阶段（1993 年起至今）五个阶段。各种机构先后在东京、中国香港、纽约、伦敦、法兰克福和新加坡等国际金融中心发行国际债券，筹集的资金主要用于国内大中型基础设施和基础产业的建设，对解决建设资金不足的问题起了重要作用。我国发行国际债券的主体主要是各级政府和金融机构。20 世纪 90 年代以来，相继有少数几家企业在国际资本市场上发行国际债券筹集资金，并取得一定经验。随着我国改革开放的进一步深化，以企业为主体，以企业信用为基础，在国际债券市场上发行债券，是我国金融体制改革开放的必然趋势。

国际债券发行的主要条件包括发行金额、面值、票面利率、发行价格和偿还期限五方面因素。面值指债券的票面价值，它载明债券面值的单位、金额和币种，票面利率指债券的年利息率。债券的发行价格有三种：平价发行，即按票面价格发行；溢价发行，即以高于票面金额的价格发行；折价发行，即以低于票面金额的价格发行。偿还期限是从债券发行日到还本付息日的时间。国际债券发行的主要条件将在国际债券的发行过程中分别阐述，国际债券发行是一个技术性强、牵涉面广的过程，对发行人而言，要顺利利用国际债券方式筹集资金，需要邀请多方中介服务机构共同完成。由于欧洲债券与外国债券存在一些差别，各自的要求和发行过程也不尽相同，下面分别介绍。

我们先来谈一谈欧洲债券的发行。

（1）委托牵头经理人及其他中介服务机构

欧洲债券发行涉及的中介服务机构有牵头经理人、担保人、承销团、法律顾问、会计师、受托银行、财务或支付代理人和债券登记代理人等。

①牵头经理人的确定是债券成功发行的关键和基础。欧洲债券发行

时，企业选择牵头经理人的范围较广，发行人一般选择国际上具有一定承销经验和影响力的大银行、证券公司或金融公司等机构。牵头经理人在接受发行人委托后，即着手准备发行工作，具体说，牵头经理人的职责有以下几点：

A. 向发行人提出选择发行时机和发行货币、金额、期限和利率的建议；

B. 协助发行人的信用评级工作；

C. 与其他中介服务机构一起制作招募说明书、承销协议（或认购协议）、分销协议等法律文件；

D. 组织市场推销活动，分发相关的宣传材料，代表或安排发行人同各种正式的机构或专业人士联系；

E. 组织承销团，协调各中介服务机构的良好合作，保证债券发行人与各中介服务机构的联系；

F. 支持债券二级市场的流动性和价格稳定。

总之，牵头经理人负责管理债券发行的全过程，并在债券挂牌后保证二级市场具有一定的流动性。

②债券发行人可以独自或与牵头经理人一起选择其他中介服务机构。担保人一般是国际上著名的金融机构或大公司，如果发行人是新的或较小的公司则必须有发行担保人。承销团一般由牵头经理人组织，负责债券的推广和销售工作。在包销方式下，如果债券在规定的时间内不能全部出售，则由承销团成员按比例买下。债券发行人要委托两名法律顾问，一名是发行人所在国的律师，主要负责本次发行是否符合本国法律的咨询和有关文件的制作；另一名是通晓债券销售市场地有关法律的律师，对发行是否符合欧洲债券市场通行的惯例和有关规定提出咨询。牵头经理人也要委托两名法律顾问负责相关的工作。会计师负责债券发行人的有关经营业绩和财务审计工作，并协助牵头经理人制作有关文件，帮助发行人完成信用评级工作。受托银行的职责是在债券的整个存续期间内，履行信托契约，保护投资者的权利，免受发行人不履行债务的损失，负责账务登记等行政工作，一般由非承销团成员的银行担任。财务或支付代理人根据信托契约规定的利息和本金支付方法，按时向投资者支付本金和利息，一般由主要

金融中心的商业银行担任。债券登记代理人代替发行人负责办理债券的登记工作。

(2) 信用评级

欧洲债券对其发行人的信用评级没有硬性要求，但为了吸引更多潜在投资者使债券发行得更为成功，最好委托专业评级机构对债券进行评级。信用评级工作要花费大量的时间和财力，在一定程度上增加了发行人的开支负担和延迟发行时机。所以，发行人是否进行信用评级视发行金额和发行人在国际市场的地位而定。金额不大的发行可不必进行评级工作，信誉很高的国家政府、金融机构和大公司也可以不进行信用评级。

目前国际上公认的评级机构有美国标准—普尔公司、美国穆迪投资服务公司、加拿大债务级别服务公司、英国艾克斯特尔统计服务公司、日本公司债研究所、日本投资者服务公司和上海远东资信评估公司等。债券级别一般分为 9 种，AAA 级（最高级），AA 级（高级），A（中高级），BBB（中级），BB（中低级），B（半投机性），CCC（投机性），CC（投机性强），C（投机性极强、拒付息），DDD、DD、D 则表示拒绝还本付息的倒闭债券。AAA、AA、A 和 BBB 是投资级债券，其他级别的债券都有相当的风险，一旦经济形势恶化，债券发行人随时可能拒绝还本付息。

欧洲债券市场上，不少投资者越来越能接受债券评级较低或没有评级的债券。

(3) 确定债券发行的主要条件

确定债券发行的主要条件，就是要确定债券发行的金额、货币、利率和偿还期限等。发行额一般根据发行人对资金的需求情况确定。典型的欧洲债券发行金额一般在 1 亿美元左右，或相当于等值的其他货币。对于首次发行欧洲债券的工商企业而言，发行金额不宜太大，因为发行人知名度不高，若债券不能全部发售，会损害发行人声誉。虽然可供选择的货币很多，但近 50% 的欧洲债券仍为欧洲美元债券。选择货币要考虑的因素主要有：公司的货币资金需求、将来还本付息的资金来源、货币汇率风险和利率水平等等。债券利率的高低直接影响发行人的筹资成本和投资者的投资收益。发行人总是希望债券利率尽可能低，而投资者则希望投资的债券利率尽可能高。因此，发行人在制定债券利率时应考虑投资者的接受程度、债券信用级别、发售市场的有关限制等。一般而言，债券信用级别越高，债券利率越低。期限的选择也是欧洲债券发行的一项重要内容。一般而言，未评级或级别低的债券，期限相对要短一些；那些级别较高的债券期限可设置得长一点。确定债券期限时发行人还要充分考虑用款计划、投资收益计划、外债期限结构以及选择的货币、市场利率变化等多方面因素，不同货币的欧洲债券期限各不相同。

(4) 制定各种文件

欧洲债券发行涉及的各种法律文件都有固定的格式和内容要求，其中最重要的文件有：债券销售书、认购协议（或承销协议）、承销团协议、信托契约、财务和支付代理协议，等等。债券销售书阐述发行人的基本情况、所发债券的条件以及各种契约、挂牌交易所名称、承销团姓名和发行费用总额等；认购协议规定承销商和发行人之间的责任和义务；承销团协议是承销团成员之间签订的协议，规定每个承销人的承销比例以及承销佣金的分配等；信托契约规定发行人的义务和契约及违约的含义，及如何支付利息，采取合适和强制性的赔偿方式等；财务和支付代理协议是发行人和财务支付代理人对于支付本金和利息的安排。

(5) 市场推广和债券发售

发行人和牵头经理人要将债券销售书及有关的宣传材料、分析报告分送给投资者，牵头经理人安排有关人员与发行人接触，并开始组织承销团，在一级市场上销售债券。至此，本次债券的发行暂告结束。但对发行人而言，债券二级市场的流动性和走势，关系到企业形象和将来的再次融资，因此，牵头经理人对债券二级市场的维护相当重要，也是体现牵头经理人实力的重要方面。

下面介绍一下外国债券的发行。

外国债券发行的整个过程与欧洲债券很接近，只是每个具体阶段做法上稍微有点差异。

其一，确定牵头经理人及其他中介服务机构时，发行人只能选择外国债券所在国的大银行和证券公司等金融机构，承销团成员也多来自该国市场。有些国家规定只能由特定的机构担任牵头经理人，如日本《证券与交易法》第65条要求牵头经理人必须由证券公司担任，证券公司不能经营商业银行业务；受托银行由商业银行充当，商业银行不能公开发售证券。

其二，外国债券发行前必须对债券进行评级，投资者根据评级结果来投资，如美国的机构投资者只允许购买BBB级及以上级别的债券。

其三，确定债券发行的主要条件，各国有更具体的规定。如发行金额，在日本，大藏省明文规定：没有信用等级的债券发行额不能超过100亿日元；A级及以上级别的债券发行金额不超过400亿日元；AA级及以上级别的债券发行额不超过600亿日元；而信用级别为AAA级的债券发行额没有限制。外国债券的期限一般较长，如一些公司在美国发行期限长达一百年的扬基债券。

其四，外国债券的公募发行须向当地有关政府部门注册登记，这是外国债券发行过程中不可缺少的环节。

下面以发行扬基债券为例，介绍债券的登记注册情况。

美国证券交易管理委员会（SEC）对非美国机构发行扬基债券的注册分为三种类型。

①呈交表格F-1。非美国的经济实体（企业）公开发行证券时须呈交表格F-1。美国《1933年证券法》规定所有外国公司在美国公开发行证券都必须向SEC呈交表格F-1进行登记注册。表格F-1的填写内容包括发行人基本情况、风险因素、收益与固定支出的比例以及筹资的用途等等。发行人采用的会计准则必须与美国一般公认的会计准则相一致。

②按B类注册。非美国政府或政府所属的正式机构发行证券注册时按B类申报，申报时呈交表格B。表格B提供的是投资者需要的有关信息，以决定是否购买外国政府机构发行的证券。表格B的具体内容包括发行人姓名、筹资的详细目的和筹资的大约规模、最近财政年度及此前两个财政年度的收支情况、发行人是否曾在提交注册登记表的近20年中拖欠任何一种境外发行证券的本金和利息、承销商的名称和地址、律师的姓名和地址等等。B类注册时，发行人的会计制度无须与美国一般公认的会计准则相一致，但若美国投资者难于看懂这些财务报表时，SEC会要求发行人对这些报表进行解释。到目前为止，我国发行扬基债券的机构大部分是金融机

构，它们是通过B类注册进入美国市场的。

③缓行注册。这种注册指允许发行人向SEC注册其从注册生效日起之后两年内计划出售的债券总额。注册结束后，发行人可视市场机会随时出售债券，不必再经SEC审查，根据SEC规定，凡是在过去5年中成功地完成一次债券注册的债券发行，且发行人从没有发生过还本付息违约现象的，都有资格申请缓行注册。

美国的外国债券市场上，除了公募发行的扬基债券外，私募债券市场的发展和规模也不容忽视。私募债券市场包括传统的私募市场和《144A规则》下的私募市场。**传统的私募市场一般为美国国内弱小企业运用，每次发行的金额较小，不需进行债券信用评级和向SEC登记注册**。非美国公司，则经常利用《144A规则》下的私募市场发行证券筹集资金。该规则不受《1993年证券法》有关注册条款的制约，发行人发行证券时无须履行向SEC注册登记手续，且发行人的会计制度可以与美国一般公认的会计准则不一致；但是，《144A规则》下的债券只能配售给合格的机构投资者（QIB_s），QIB_s是指必须为自己或是代理其他的合格机构投资者买卖债券、拥有或自由管理至少1亿美元的相互无关的证券，如该投资者是一美国经纪人，1亿美元可以降低到1 000万美元。尽管如此，《144A规则》下发行的外国债券仍需对债券进行信用评级，债券发行后不能在证券交易所挂牌交易，只能在QIB_s之间转售交易，流动性差于公募发行的扬基债券，但远远强于传统的私募债券。

欧洲的瑞士、卢森堡和德国的私募市场较为发达，但发行时手续很烦琐，且要接受严格的管理，外国公司特别是首次在欧洲各国发行外国债券时，基本上都采取公募形式。

4. 国际债券融资策略

自1982年1月29日中国国际信托投资公司第一次在日本东京发行日元私募债券以来，国际债券已成为我国对外筹集资金的重要渠道。

我国得以在国际金融市场上利用债券方式筹集大量资金，其原因除20世纪80年代以来西方金融市场出现融资证券化浪潮以外，还在于我国金融对外开放不断深化，国内证券市场逐渐规范。目前，国际国内这些因素在继续向有利的方向发展，我们在准确把握良机，进一步利用国际债券筹集外资的同时，应从以下方面不断改进债券筹资策略。

(1) 发行市场的选择

20 世纪 80 年代以来，西方各主要发达国家竞相开放并发展金融市场。放松和解除金融管制，使得各主要金融市场都取得了迅猛的发展。国际化程度越来越高，从而给借款人在市场选择方面提供了很大的便利。例如，筹集一笔美元资金，可以在纽约发行扬基债券，也可以去伦敦发行欧洲美元债券，还可以去东京发行将军债券。总之，可供选择的方案是多种的。

从我国已经发行的国际债券情况来看，发行市场过分集中于亚洲，尤其是日本金融市场，承购集团也主要集中在日本的几家大证券公司。这种集中的局面不利于利用竞争机制来争取更为有利的发行条件，今后应更多地注意研究欧美债券市场，逐步增加在这些市场的发行份额。

(2) 币种选择

我国发行的国际债券票面币种过分集中于日元和美元。这两种货币在汇率和利率方面波动很大，防范债券风险的难度也相应加大。

发行国际债券时，对于票面币种的选择，一方面要深入研究各国的宏观经济金融状况和政策，准确预测各种货币的利率和汇率走势；另一方面还要全面了解和把握国际债券市场上的币种结构特征，以及投资者偏好的变化趋势。

(3) 债券的种类选择

近年来，随着金融创新的深入，各种新型金融工具不断涌现，国际债券市场上债券的种类也日益显现多元化的特征。在国际债券市场的各种筹资方式中，介于债券与股票之间的可转换债券扮演着日益重要的角色。目前，我国股票市场正在不断走向规范，国内 B 股市场规模正在扩大，并陆续有几十家大中型企业走向境外上市，在这种情况下，我们应该考虑发行可转换债券吸引境外投资者。

(4) 发债主体

国际债券的发行人有三大类型，即政府机构、金融机构和工商企业。

而从1982年以来的三十几年里，我国在国际债券市场上的发债主体，主要是以中国银行、中国国际信托投资公司为代表的金融机构。今后，我们应进一步发挥财政部在国际债券市场上的筹资作用，这既符合世界各金融中心和大多数国家的惯例，也符合我国当前实际。目前，我国在国际上享有良好的信誉，前不久被美国穆迪投资服务公司评为AAA级。财政部代表我国政府在国际债券市场充当发行主体，容易取得更为有利的发行条件，发行过程也会更加顺利；另一方面，我国财政资金一向紧张，国内债券发行困难较大，而且一直没能得到根本解决，财政部更多地进入国际市场筹资，可缓和国内资金供求不足；此外，地方财政部门以及大型工业企业和商业企业也应积极创造条件，考虑在合适的时候进入国际市场发债筹资。

到国际市场利用债券方式筹集外资，是一项技术难度比较大的工作，需要注意的问题很多，在此不可能一一列举。但值得特别提出的是，发行国际债券涉及整个国家的对外债务问题，因此，除各发行单位要注意研究解决每次发债的技术问题外，国家有关宏观管理部门必须合理安排好各个时期国家对外债务的总体规模，加强对外举债的宏观管理，防止出现债务危机。

三、国家（地区）基金融资

1. 国家基金：国际融资的一种新途径

国家基金是指由一国或一地区的境外资金所组成的，投资于该国或该地区证券市场的投资基金，也称为海外基金。例如，由中国境外资金所组成的投资于中国证券市场的投资基金就是一种国家基金，即中国基金。国家基金与国内基金的不同之处在于，国内基金的资金来源于本国或本地区内，而国家基金的资金来源于境外，是外资的流入。

国家基金于20世纪70年代末80年代初开始盛行于西方发达国家，获得迅速发展，尤其是针对新兴工业化国家和经济高速发展的发展中国家的国家基金，更以惊人的速度膨胀。

国家基金迅猛发展的原因有以下几个方面。

(1) 新兴工业化国家经济增长及证券市场发展

20 世纪 70 年代以来，亚洲环太平洋地区和拉美地区出现了一批新兴工业化国家。这些国家在工业化的过程中，急需扩大基础建设规模，发展交通、通讯、能源、原材料等基础设施，需要大量资金。这些国家的资本积累薄弱，巨大的资金缺口决定了它们对外资的强劲需求。另一方面，在工业化过程中，许多发展中国家政府积极推行国有企业民营化计划，通过民营化计划和股份制改造来解决国有企业的低效率和建设资金不足的问题。因而这些国家证券供给迅速增长，股票市场不断膨胀。

发展中国家或地区的新兴股票市场规模急剧扩大的同时，业绩表现也极为不俗。其中中国台湾地区、韩国、泰国、菲律宾等地市场成绩尤佳。

发展中国家或地区证券市场的迅速扩容和不凡业绩引起了国际投资者的极大关注。近年来，国际金融市场上的金融机构纷纷致力于研究和开发发展中国家的证券市场。这是国家基金在新兴证券市场大行其道的首要原因。

(2) 国际金融公司的积极参与

国际金融公司是代表国际货币基金组织专门向私营企业贷款的机构，它曾积极帮助和参与了许多发展中国家规范化国家基金的发起建立，有力地推动了这种投资形式的发展。国际金融公司在创设国家基金之初，就同东道国政府一起讨论建设适当的法律规章框架，以使国家基金符合国际上通行的法律准则。同时，国际金融公司还十分强调国家基金应由专业人员独立管理，以保证国际投资者安全，并提高基金的信誉。

正是由于国际金融公司的积极参与，才使得某些国家基金成为国际金融市场上的抢手货。国际金融公司以国家基金的形式开拓了国际资本市场与发展中国家资本市场之间的资金流通渠道，并获得了显著的成绩。

(3) 投资基金本身具有的优越性

在新兴证券市场迅速扩容的同时，这些市场存在着许多明显的缺陷：股份制改造不规范、法律体系不健全、会计制度与国际惯例差异大、市场稳定性差等等，这一系列的因素决定了这些市场对外开放程度低，国际化进程落后。一方面由于这些市场尚未形成健全完善的管理监督体系，政府对市场的控制远未达到得心应手的地步，因而不可能允许大量零星外资直接进入证券市场。另一方面，也正是由于这些市场很不规范和成熟，大量的境外投资者对其仍持谨慎态度。在此情况下，国家基金的投资形式较好地克服了两方面的不足。国家基金以机构投资者的身份进入新兴证券市场，易于为当地政府部门引导和管理，因而易于为这些市场所接受。另外，投资基金对于境外投资者而言，克服了跨国购买带来的信息、手续、技术等方面的缺陷，极大地增强了他们的投资信心。因而，国家基金自然成为境外投资者进入新兴证券市场的入场券，既受到投资者青睐，也为市场监管者所接受。

正是由于上述种种原因，发展中国家和地区的国家基金业务，在近十几年来一直呈强劲发展态势，尤其是亚太地区表现更为突出。

上述国家基金的发行绝大多数集中在美国纽约和英国伦敦。近年来，亚太地区以本国证券市场和国际证券市场为对象的投资基金业务也有了巨大发展。目前，在香港联交所上市的外国和本地基金有 17 个，在日本上市的基金有 14 个。许多其他亚太地区国家也不甘落后，积极改进并开放本国证券市场以吸引外国资本。

目前，亚太地区的国家基金的投资者主要有 3 个类型。

第一类是欧、美、日的跨国机构投资者。它们为了追逐新兴证券市场的高收益，纷纷以中国香港和新加坡为基地进军泰、马、菲、印尼等国。

第二类是来自金融自由化程度较高的中国香港、新加坡和马来西亚的投资者。作为地区性的金融中心，这些地区既是国家基金的受益者，也是国家基金的资金来源。

第三类是来自有大量资金盈余的中国台湾地区和韩国的投资者，他们为了拓展国际业务也正积极仿效欧、美、日的做法。目前，中国台湾已有多家金融机构以投资基金形式经营对外投资业务，韩国也正积极发展对外投资基金，以谋求亚洲邻国证券市场优厚的投资回报。

2. 我国国家基金的组织模式与经营原则

(1) 我国国家基金的组织模式

要扩大利用国家基金方式吸引外资，关键问题是如何顺利地组建国家基金，可考虑的组织模式有以下三种。

第一种是由国内具有一定信誉的、知名度较高的信托投资机构发起并组织的国家基金。例如可由诸如中信公司、上海信托投资公司等机构一家或数家联合设立。该类基金向海外发行基金受益凭证筹集外汇资金以投向国内，并争取在境外金融中心或上海证券交易所上市。它必须尽可能地利用国外代理机构发行基金证券，并应适当聘请某些国外金融投资公司作为基金的咨询顾问。

第二种是由国内具有一定信誉的、知名度较高的信托投资机构与境外金融投资公司合资建立基金管理公司，它可以在境外如上海等地注册，然后，再由该合资公司发起并组织国家（地区）基金，以引进外资。

采用第二种组织模式有以下一些优点。

①组建中外合资的基金管理公司，有利于利用海外知名机构的国际声誉，吸引海外投资者的资金顺利进入国内；有利于及时引进海外机构先进的管理经验和操作技术，对基金进行有效的经营管理。

②投资基金在海外有几十年发展的历史，形成了一套具有国际惯例的规范化做法，并已为广大海外投资者所熟悉。在这方面积累了丰富经验的海外机构参与管理，能使我们较快适应由于众多国际职业投资者介入而引起的市场变化，掌握市场主动权，保障证券市场的正常秩序和健康发展。

③通过组建中外合资公司，及时引进海外先进经验和技术，有利于我国基金管理事业少走弯路，少出偏差，提高规范化、国际化水平，为实现我国基金管理公司的独立化，并最终与国际证券市场接轨奠定良好基础。

第三种是由境外外资信托投资公司发起并组建的国家基金。该机构通过在海外发行基金受益凭证筹资，并确定该基金投资于中国或国内某个地区（如上海地区）。国内的有关投资信托机构作为基金的国内代理人，根据境外发起公司的投资方针具体操办投资业务。

（2）国家基金的经营原则

①目前我国宜设立封闭型的国家基金。按构成方式分，国家基金可分为开放型与封闭型两类。开放型基金就是通称的共同基金，它随时对投资者开放，发行受益凭证的份额总数不固定。投资人向基金管理公司增购份额，基金就增加发行；投资人要求基金管理公司赎回所持份额，总份额就减少。封闭型基金发行在外的基金份额是固定的，发行期满后基金就封闭起来，总份额就不再增减，并在证券交易所上市。以后投资者如欲抽回资金，只能将所持基金份额在交易市场上转让。

参照各国的经验，根据我国的情况，目前我国的国家基金以采取封闭型为宜。

②基金的投资方针和目标。根据我国的具体情况，所组建的国家基金应贯彻如下的投资方针和目标。

其一，所筹集的外资在我国的投资方针应明确不追求短期收益，而以长期资本增值为目标。

其二，基金的筹资总额中应有不低于50%的资金用于项目投资。该项投资按我国经济建设需要和产业部门发展的优先次序，适当安排部门投向及所占份额与比例。

其三，鉴于目前国内B种股票品种少，数量不多的状况，基金对证券的投资空间客观上受到一定限制，但是随着股份经济的发展，B种股票的发行和上市交易状况一定会有所改变。

总之，基金的投资应着眼于资金的长期增长并保持稳定的股利收入。

（3）对国家基金的管理

为了维护国家的整体利益和海外投资者的利益，应根据国际惯例或国际通行做法，对基金向国内投资作一些切实可行的管理。

①对基金投资的限制。如基金在国内证券二级市场上购买B种股票的数量，不能超过一家企业发行总额的一定百分比（10%或20%），以防止炒股等各种短期行为冲击股市。比如，韩国政府规定，外资不能购买该国战略性及与国防有关公司的股票。诸如此类的做法，我们可以借鉴。

②为了保护海外投资者的利益，应要求国家基金管理公司符合以下规

定：公司的资产不得低于500万美元；公司必须向投资者公开有关基金的投资政策和投资状况；严格把握管理公司经营人员的素质等。

③鼓励基金投资的配套措施。例如：按照保护投资者利益的原则和国际惯例，投资者所得的红利与经过证券市场转让后的证券本金及其溢价收益应允许自由汇出境外；在税收管理上实行不同类型税率。其目的为鼓励基金投资，限制个人投资；鼓励长期投资，限制短期炒卖；鼓励基金红利留存再投资，等等。

四、国际银团贷款

1. 国际银团贷款的含义与种类

在欧洲货币市场上进行的借贷活动一般金额较大、期限较长，一家银行很难单独提供，银团贷款便应运而生了。银团贷款，也称辛迪加贷款。广义的银团贷款是指由两家或两家以上的金融机构，通过一个共同的借贷文件向某一借款人提供的信贷；而本节所说的国际银团贷款，则是指由借款人所在国以外的一家或多家金融机构经理和承销，邀请世界各地的金融机构参与，向借款人提供其所在国货币以外的其他货币计值的信贷。银团贷款对借贷双方都有好处，对借款人来说，由于多家银行参与，因而可以筹措到一家银行所无法提供的金额大、期限长的资金；对贷款人来说，银行可以分散贷款风险，减少同业之间的竞争，可以在获取手续费收入的同时保持自己的贷款能力，为未来获得更有利的贷款条件提供机会。

国际银团贷款可以分为直接银团贷款和间接银团贷款两种方式。

(1) 直接银团贷款

直接银团贷款是指由各个贷款银行与借款人直接签订贷款协议，或通过代理银行代表他们同借款人签订贷款协议。它们按贷款协议规定的统一条件贷款给借款人。在直接银团贷款中，每个贷款银行所承担的贷款义务是分别的（Several）、非连带的，它们的贷款义务仅限于承诺的部分，对其他银行的贷款义务不承担任何责任。如果某一家银行不能履行其贷款义务，借款人只能向该银行追究违约的责任，不能要求其他贷款银行对此负责。

直接银团贷款中，牵头经理代表借款人向其他各贷款银行提供信息备忘录，以促进银团的成立。在组织银团过程中，牵头经理是作为借款人的有限制代理（Limited Agency），二者之间的合同关系是根据委任书的规定确立的。一旦银团组成，牵头银行与借款人的代理关系即告终止，牵头银行与其他贷款银行在银团中处于同等地位，与借款人的关系也是一般的债权人与债务人的关系。

在组织银团过程中，牵头经理是借款人的代理；但在贷款协议谈判中，牵头经理与其他贷款银行一样，仅仅代表自己的利益，而不是任何人的代理。牵头经理只需考虑自己的得失，不必考虑所有贷款银行的得失。贷款银行不能因其损失而向牵头经理提出损害赔偿，只能按贷款协议向借款人求偿。

牵头经理对其他贷款银行也要承担义务，牵头经理有义务向贷款银行如实介绍借款人的情况。根据许多国家的法律，牵头经理对信息备忘录中所载的事项应承担“适当注意（Due Care）”的义务。如果没有尽到这一义务，在其散发的信息备忘录中出现了不正确的说明或其他遗漏，致使收到信息备忘录的贷款银行因此而做出错误决定，遭受了损失，则牵头经理应对此负责。

银团组成后，一般情况下牵头经理又成为银团的代理行。贷款银行并不直接将款项划给借款人，而是通过代理行统一划给借款人。借款人偿还贷款本金和利息也是通过代理行进行。有时候代理行不是由牵头经理担任，这时牵头经理在银团中的地位与其他贷款银行完全相同。

（2）间接银团贷款

间接银团贷款也称参与式银团贷款。即由牵头经理向借款人提供贷款，然后在不通知借款人的情况下将参加贷款权出售给其他愿意提供贷款的银行，这些银行即称为参加贷款银行。他们按各自承担的参加贷款的金额向借款人提供贷款；牵头经理负责整个贷款的管理工作。

间接银团贷款对各方参与者都有好处。对牵头经理而言，银团贷款的

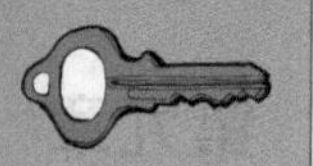

期限较长，在这期间银团的成员可能会有变动，如果采用直接银团贷款，这种变动就涉及贷款银行和借款人之间的重新协商，如果采用间接银团贷款，只需由贷款银行出让参加贷款权即可达到目的，一般不需通知借款人；其次，银团贷款的金额较大，通过出售参与贷款权，既可以减少牵头经理的账面资产，扩大其未来的贷款能力，又可以保持牵头经理与借款人的独家交往，避免其他贷款银行争夺客户的竞争；再次，如果银团贷款有物权担保，则由牵头经理一家独立持有和行使该项担保物权比较简单。

从参与贷款银行角度看，一些银行因受法律的限制不能参加直接银团贷款，通过参加间接银团贷款，可以规避这类法律限制；另外，有些小型银行不能直接提供巨额贷款，可以通过购买参加贷款权的方式提供少量贷款，为未来进入银团贷款市场打下基础。

对借款人来说，与牵头经理一家银行进行交往，可以缩短时间，节约交易费用。

当然，间接银团贷款对参加贷款的银行也存在不利之处。首先，参加贷款银行与借款人之间没有债权债务关系，对借款人没有直接请求权。借款人违约时，参加贷款银行也无法对借款人行使抵销权；其次，在借款人与牵头经理间签订的贷款协议中，对参加贷款银行的补偿及其他保护性条款可能没有明确规定；再次，如果牵头经理出售参加贷款权被看作是由参加贷款银行向牵头经理提供贷款，而牵头经理对借款人的债权是此项贷款的担保，则参加贷款银行必须将此项担保权益按贷款协议所适用法律加以完善，才能用以对抗第三人。

间接银团贷款中牵头经理转让参加贷款权的方式主要有更新（或替代）、代理、让与、转包贷款等几种。

①更新（或替代），即由牵头经理、借款人和参加贷款银行三方达成协议。根据这项协议，借款人同意由参加贷款银行承担牵头经理的一部分贷款义务，同时解除牵头经理相应部分的义务。这种做法大陆法系称为合同更新，英美法系称为合同替代。通过更新或替代，实际上使借款人与参加贷款银行之间确立了新的贷款协议。采用这种做法的好处是牵头经理可以解除与借款人订立的贷款协议中承担的一部分贷款义务，这是采用其他转让方式所不能做到的。但合同的更新与替代必须征得借款人的同意，这

与出售参加贷款权的目的，即无须通知借款人即可转让参加贷款权这一点不相符合。因而这种转让参加贷款权的方法在间接银团贷款中不常见。

②非公开代理。即在贷款协议签订之前，牵头经理已经邀请到愿意参与银团贷款的银行，在这种情况下，由牵头经理作为银团其他贷款银行的代理人，同借款人签订借贷合同，但不披露其代理人身份，所以在借款人看来他是同贷款银行交易，而不是同代理人打交道。但是如果借款人发现非公开的代理关系时，可以选择向牵头经理要求给予贷款，也可以向参加贷款银行要求提供贷款，即牵头经理与参加贷款银行负有连带责任。

非公开代理的一个特点是银团成员必须在签署贷款协议前授权牵头经理为代理人。如果在贷款协议签订后再寻找参加贷款银行，就不能确立代理关系，而只是在牵头经理和贷款人之间存在合同关系。

③让与。即牵头经理将其与借款人订立的借贷协议中的一部分贷款义务连同其收益，一道让与其他贷款银行，使其他贷款银行成为参加贷款银行，牵头银行可以因此而立即获得用于贷款的款项。通过让与取得参与贷款权的银行可以取得对借款人的直接请求权。但这种让与必须得到借款人的同意，而借款人一般也不会同意这种做法，因此许多贷款协议都对让与参加贷款权加以了限制。

④转包贷款。即由参加贷款银行把贷款借给牵头银行，牵头银行再将款项转贷给借款方，并同意在借款人还本付息的条件下，按时偿还参加贷款银行的贷款。这实际上是牵头经理以借款方式出售参加贷款权，参加贷款银行不能取得对借款人的直接请求权。借款人直接从牵头经理取得贷款，直接向牵头经理还本付息，而没有义务向参加贷款银行还本付息。由于这种方式对借款人的权利没有什么影响，因而贷款协议一般很少对此加以限制。

此外，与一般的银团贷款相对应，还有一种俱乐部贷款，也称为私募贷款。即如果借款人不会授予某一银行无限制委任书，或者授予无限制委任书会阻碍经理集团的组织和银团贷款的成功，在这种情况下，由 3 家到 20 ~ 30 家银行在交易开始时同意接受并持有该项贷款资产，而不再通过组织银团来转让其贷款承诺。这一策略通常称为接受持有策略，在国际银团贷款形成初期比较盛行。

2. 国际银团贷款的要素分析

国际银团贷款在具体形式上千差万别，但是都具有一些基本的组成要素，这些要素根据其性质不同，主要有组织要素、费用要素。

(1) 组织要素

国际银团贷款的组织要素，就是指参与银团贷款的各当事人。一般说，银团贷款的当事人包括借款人、牵头行、代理行、参加行和担保人。另外，有的银团为了吸引更多银行参与贷款，还常常设有副牵头行、安排行等虚职。

①借款人。国际银团贷款中的借款人主要有各国政府、中央银行、国家机构，具有法人资格的企业（包括私人企业和国有企业）、国际金融组织等。借款人通过委托牵头行组织银团，配合牵头行起草资料备忘录，向牵头行披露充足的信息资料，接受牵头行和潜在贷款人的信用调查和审查。依据贷款协议合法取得贷款并按协议规定条款使用贷款，按时还本付息，按时依据贷款协议条款规定向各参加行提供自身的财务资料和其他与贷款使用有关的基本资料，接受因违约而承担相应的处罚等。

②牵头行。牵头行有时又称经理行、主干事行等，是银团贷款的组织者。牵头行通常是由借款人根据贷款需要物色的实力雄厚、在金融界享有较高威望、和其他行有广泛联系、和借款人自身关系密切的大银行或大银行的分支机构。在银团贷款的组织阶段，牵头行是沟通借贷双方的桥梁，并由此承担相应的权利和义务。

在银团未组成之前，牵头行首先接受借款人的委托，以承诺书的形式承诺为借款人物色贷款银行，并向借款人提供贷款的基本条件，准备资料备忘录；在市场调查的基础上，向潜在的贷款人发送资料备忘录和邀请函，应贷款银行的要求负责介绍借款人的资信状况，并及时将各贷款银行的贷款条件转达借款人；物色起草贷款协议及其他相关文件的律师事务所，并主持借款人、贷款人、担保人三方对贷款文本协议条款的谈判工作，以及最后文本的签字；协助借款人准备首次提款的基本文件并监督各贷款人首期贷款的到位等。

牵头行对银团的义务主要包括以下两个方面。

一是对借款人的义务。根据借款人的授权委托书和牵头行承诺书的规定，牵头行的义务一般有：为借款人物色贷款银行、组织银团。

二是对贷款人的义务。主要有向贷款人如实披露借款人的全部事实真相，如果对重大事实作了错误陈述，或存在实质性遗漏，出现欺诈行为或疏忽行为，致使贷款人因此遭受损失，牵头行需要对此承担法律责任。

国际银团贷款根据贷款金额的大小和组织银团的需要，可以有一个牵头行，也可以有多个牵头行。但是不管一个还是多个牵头行，如果不兼任代理行，那么在银团贷款协议签订后，牵头行就成为普通的贷款银行，和其他贷款人处于平等地位，和借款人也仅仅只是普通债权人和债务人的关系。贷款的管理工作由代理行负责。

③代理行。代理行是全体银团贷款参加行的代理人，是代表银团负责与借款人的日常业务联系，担任贷款管理人角色的一家银行。在银团贷款协议签订后，按照贷款协议的规定，负责对借款人发放和收回贷款，承担贷款的贷后管理工作；协调贷款人之间、贷款人和借款人之间的关系；负责违约事件的处理等。

代理行的法定义务有以下五项。

其一，充当贷款人和借款人之间的桥梁。在银团贷款中，各个贷款人不直接向借款人发放贷款，而是把各自承诺的金额交代理行汇总，然后转交给借款人。同样，在费用支付及还本付息时，借款人先将费用及本息划交代理行，然后由代理行按银团各贷款人的贷款金额比例分付给各贷款人。代理行作为贷款人和借款人的桥梁，其主要工作是：接收借款人的提款通知后，通知各贷款人按规定的时间、金额和划款路线放款，并及时将贷款贷记到借款人指定的银行账户上；在贷款本金和利息偿还之前的一定时间，如1个月，书面通知借款人本期利息额及本金额及在各贷款人之间的分配金额；在到期日将收到的本息分付到贷款人指定的银行账号上等。

作为借款人和贷款人的中间人，代理行应将其接收到的借款人因举借该项贷款而向银团发出的提款通知、提前还款通知书等文件及时通知银团内各参加行。同时，在采用浮动利率的银团贷款中，在上一个利息期结束后，应及时将下一个计息期的利率报价通知银团内各参加行及借款人、担

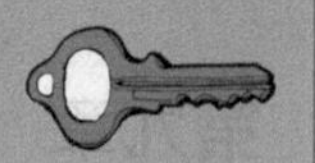

保人等有关当事人。

其二，审查贷款发放所需要的先决条件。在国际银团贷款中，贷款人为了保护自己的利益，往往要在贷款协议中订立一系列使协议生效的先决条件，必须等待贷款协议所规定的先决条件具备齐全，借款人才能享有提取贷款的权利，贷款人才有义务放款。作为代理行，需要审查：涉及全部贷款协议中全部义务的先决条件，如表明借款人合法存在的文件、借款人最高权力机构如董事会批准贷款协议的证明文件、借款人从政府有关当局取得批准对外借款的文件、贷款人取得的还款保证、法律意见书等；涉及每次提款的先决条件，如资金的使用计划、证明陈述和保证依然有效的文件、证明没有违约或先兆性违约的文件等。代理行在审查认定这些先决条件后，应将审查结果及时通知银团各参加行。如果代理行在审查这些先决条件时有疏忽，出具了不适当的证明书，须承担相应的责任。

其三，监督贷款的使用情况。除非是用于国防建设或购买军火等可以享受豁免权的国际银团贷款，一般的国际银团贷款特别是项目银团贷款，贷款人为了保证贷款是用于事先和借款人约定的用款项目，在贷款协议中一般都规定了贷款的使用方向。为此，贷款人往往要求借款人在代理行开立监管账户，规定一切与贷款使用有关的收支都需进入监管账户。通过这一监管账户，贷款人可以有效地防止借款人将贷款挪作他用。

其四，向银团各参加行提供借款人、担保人的财务状况。国际银团贷款协议一般均规定，借款人、担保人需在财务阶段结束后的一定时间内通过代理行向各贷款人提供该阶段的财务资料，如资产负债表、损益表、财务状况变动表等，以便贷款人及时了解借款人的经营状况和资金营运状况。如果代理行在审查这些财务资料时发现问题而未向参加行通报，则代理行应承担相应的责任。

其五，处理违约事件。在国际银团贷款协议中都规定代理行有“违约通知”的义务。即在借款人发生违约事件或先兆性违约事件时，代理行应与借款人进行接触，以确定这种违约或先兆性违约事件是否真实，是否需要做出贷款终止或加速到期的决定，并将违约事件的详情和与借款人接触的结果通知各贷款人。如果贷款协议规定贷款终止与否、加速到期与否由代理行决定，代理行应根据违约事件的具体情况自行决断。若代理行没有采取适当的补救措施或做出错误的决断，参加行有权追诉代理行的责任。

事实上，代理行为了减轻处理违约上的责任，往往要求在贷款协议中订立免责条款，如规定代理行对贷款协议是否履行、是否出现违约事件等均无调查、核实义务，代理行只对重大过失负责，对优惠利率负责等。

④贷款期限。贷款期限是指贷款合同生效之日至贷款本金利息全部还清为止的期限。国际银团贷款的期限比较灵活，短则3～5年，长则10～20年，但一般常见的是3～10年。根据不同时期内贷款本金的流向不同，可将贷款期限划分为三个时期，即提款期、宽限期和还款期。

提款期，也称承诺期。是指借款人可以提取贷款的有效期限，一般从合同生效日始，至一个规定的日期终止，如30个银行营业日或60个银行营业日或更长。在这期限内，借款人可以一次提取全部贷款或分次提取贷款。如果在提款期到期日没有提取全部贷款，则未提取部分金额自动取消，借款人今后在该合同项下不得再次提取贷款，这一时期的特点是贷款本金由贷款人流向借款人。

宽限期。是指从提款期结束日起至第一次贷款归还日所构成的时段。在这期间，借款人只要按合同规定通过代理行向各贷款人支付利息，而贷款本金则无须偿还。

还款期。是指从合同规定的第一次还本日起至全部贷款本息清偿完毕为止。在整个还款期内，贷款本金可以分若干次在每个付息日偿还。

（2）费用要素

在国际银团贷款中，各参加行在银团中的地位不一样，所承担的作用不同，因此参加行所取得的收益也有区别，这就决定了各参加行需从利息以外得到各自补偿，银团费用的作用就在于此。在国际银团贷款中，常见的由借款人在利息外支付的费用一般有承诺费、管理费、代理费、杂费等，这些费用对借款人来说是筹资成本的一部分。

①承诺费。这是一般银团贷款中均存在的费用。由于贷款协议签订日和借款人实际用款日期具有一定的间隔，而且大多数银团贷款可以分次提取，贷款协议中对具体的提款日也不作明确的规定，因此，在允许提款的期限内，贷款人要准备一定的头寸以备借款人提款，而这备用头寸对贷款人是没有利息收入的。借款人必须补偿贷款人因准备头寸而放弃的利息收

入。承诺费通常是从合同签字日或从首次提款日起算，至提款期结束，根据贷款未提款余款部分按事先双方约定的费率计算，承诺费的费率一般在0.125%~0.5%之间。但是，如果根据银团贷款协议规定，借款人在较短期限内，如1个月，一次提取全部贷款或者提款期限虽较长，但提款是按计划进行的，则借款人可以免付承诺费。

②管理费。这是一般银团贷款中均收取的一种费用。起先，管理费是由借款人支付给牵头行用于补偿其在组织银团中所作的特殊贡献，但是后来逐步演变成借款人在利差以外对各贷款人融资成本的一种补偿。管理费一般由借款人按贷款金额的一定比率向银团一次性支付，然后由代理行按各贷款人在银团中的参加份额分付给各贷款人。管理费的费率一般在0.25%~0.5%之间。

③代理费。在银团贷款中，由于代理行承担着沟通借贷双方的桥梁作用，负责银团贷款的管理工作，因此他和其他银行一样取得借款人同样的补偿外，还必须从借款人处取得特殊的补偿。这种补偿是通过借款人向代理行支付代理费实现的。一般情况下，代理费的多少取决于代理行的工作量大小，如果银团的参加行多、提款次数多、还款次数多，则代理费就高。代理费的费率一般在0.125%~0.5%之间，由代理行和借款人协商而定，一年一付。

④杂费。这也是银团贷款中普遍存在的一种费用。由借款人向牵头行支付，用于补偿其在组织银团、安排签字仪式等工作中所发生的费用支出。一般包括（但不限于）律师费、通讯费、印刷费、交通费等费用。杂费的交付方式一般有两种：一是由牵头行向借款人实报实销；另一种方式是按贷款金额的一定比率收取。在实际中以第一种方式为多。

在国际银团贷款中，除了上述四种常见费用外，由于银团贷款形式的不同或银团内部组织的不同，可能还有安排费、包销费等费用形式。

3. 担保：国际银团贷款的砝码

国际银团贷款的担保，指的是以确保银团贷款协议项下借款人义务的履行或清偿为目的的保证行为。它是借款人对银团贷款参与行提供履行债务的特殊保证，是保证债权实现的一种法律手段，是银团参与行是否愿意提供贷款的重要条件。

(1) 担保的法律性质

一般来说，银团贷款担保的法律性质是围绕它与贷款协议的关系——从属性还是独立性、债务的承担是第一性还是第二性责任，偿付是无条件还是有条件等问题的一系列规定。明确担保的法律性质是规范担保人及其贷款当事人权利和义务的基础。

对担保的法律性质的认定在国际上经历了传统和现代两个阶段。

传统意义上的担保认为，担保具有以下法律特征：担保合同具有从属性和补充性。所谓从属性指的是担保合同是贷款合同的从合同，承担着和贷款合同范围和标准一样的责任，保证人和借款人享有同样的抗辩权，保证人的保证责任随着借款人主债务的消灭而消灭。所谓补充性指的是在保证合同的法律关系上，保证人是第二债务人，只有当主债务人即借款人不履行其债务时，保证人才有责任承担付款责任，而且对于贷款人来说，只有在对借款人的财产强制执行后仍不足以抵债时，才能要求担保人承担清偿责任。我国担保法第五条规定："担保合同是主合同的从合同，主合同无效，担保合同无效"；担保合同项下保证人所承担的责任是第二性的付款责任，这和赔偿担保书中的担保人所承担的第一性付款责任不一样；对价是此类担保的基础。

现代意义上的担保认为，担保是不依附于基础合同而成立的独立合同，具有以下法律特征：担保是一项独立的承诺，一经签署，担保人就向债权人做出了一种赔偿保证，只要债权人能满足担保书的履行条件，担保人就必须履行偿付责任，这种偿付责任不依赖于基础合同而独立存在。我国担保法第五条规定："担保合同另有约定的，按照约定。"这一规定赋予当事人自行协商，约定担保合同性质的权利，只有在当事人约定不明确或没有约定担保合同性质的情况下，才按照担保合同是主合同的从合同的定性原则来处理；担保人在这种独立的担保中往往要承担无条件的担保责任和第一性的付款责任，排除了传统担保中担保人所享有的抗辩权。也就是说，在主债务人未能履行其债务时，只要债权人能够提供担保合同规定的书面索赔文件，担保人就应承担偿付责任，而无须等先行处理借款人的资产仍不足以履行责任之后再向担保人提出索付。除非担保人有充足的证据

证明，债权人的要求具有明显的欺诈性，否则担保人无权拒付。

(2) 国际银团贷款担保的作用

在国际银团贷款中，担保作为借款人取得贷款、贷款人保证资金安全的一种手段，已成为银团内各参加行提供贷款的前提条件，其基本作用如下。

①担保有利于贷款人转移风险。银团贷款的风险是客观存在的。银团的各参与行在贷款活动中，往往要采取各种措施来防范风险，以避免或减少损失。转移风险，即将可能发生的风险损失转嫁给他人来承担，一旦贷款发生风险，贷款人可以得到补偿。在担保贷款中，银行将贷款风险转移给了担保人。

②担保有利于担保方加强对借款人的监督。担保方一旦为借款人的借款行为进行担保，就开始承担责任。同时，由于在国际银团贷款中，担保人和借款人具有密切的关系，如他可能是借款人的开户银行或母公司。这样，担保方就会加强对借款人的监督，防止借款人不将贷款用于规定项目，监督借款人按期还本付息，显然，这有利于银团贷款行防范风险。

(3) 担保的种类

根据所属法律范畴的不同，担保可分为物的担保和人的担保。

①物的担保。物的担保又称物权担保，指的是借款人或担保人以自己的有形财产或权益财产为银团债务的履行设定的担保物权，如抵押权、质权、留置权等。如果借款人到期不能履行其债务，贷款人可以处分作为担保品的财产而优先得到清偿。物的担保又可以分为以下几种。

其一，抵押。根据我国担保法的定义，抵押是指债务人或者第三人以其所有的，或者依法经营管理的财产作为履行贷款合同的担保，当其不能履行或者不履行合同义务时，贷款人有权依照有关法律规定或抵押合同的约定，以该财产折价或者以拍卖、变卖该财产的价款优先受偿。抵押分为浮动抵押和固定抵押。浮动抵押是指债务人以现在的和将来的全部资产，包括动产和无形资产，为债权人设定担保物权。固定抵押是指债务人以不动产为债权人设定担保物权。

其二，质押。质押是指债务人或者第三人将其动产或权力移交债权人占有，将该动产或权利作为债务的担保。债务人不履行债务时，债权人有权依照有关法律或者质押合同规定，以该动产折价或者拍卖、变卖该动产或权利的价款优先受偿。质押根据担保的物权不同，可分为动产质押和权利质押。

其三，留置。留置是指债权人按照合同约定占有债务人的动产。债务人不按照合同约定的期限履行债务的，债权人有权按照有关法律规定留置该财产，以该财产折价或者以拍卖、变卖该财产的价款优先受偿。

②人的担保。人的担保指的是担保人和债权人约定，当债务人不履行债务时，担保人以自己的资信向债权人保证履行债务或承担责任。人的担保根据担保方式的不同，分为保证书、备用信用证和安慰信。

保证书，也称保函。根据《国际担保书统一法（初稿）》的定义，保证书指的是具有独立性质的一项承诺，由一家银行或其他机构或个人做出，不论是否经由另一家银行、机构或个人提出此种请求或指示，承诺在接到索款要求时，按照所承诺的条件，向另一人支付一笔确定金额的或可以确定金额的指定通货或记账单位。而索款要求是以承诺书中规定的方式提出的。条件是，做出该承诺是为了保障受益人不致因委托人不履行某种财政义务或其他义务或因另一特定风险而受害。这是目前担保方式的主体。

备用信用证。备用信用证是代表开证行对受益人承担一项义务的凭证。在此凭证中，开证行承诺偿还开证申请人的借款或在开证申请人未能履约时保证为其支付。它源于信用证，是信用证的特殊形式，因此又称担保信用证。

安慰信。安慰信一般是由母公司或是政府写给贷款人的，对于他发放给子公司或一个公共实体的贷款表示支持的信，这通常是在担保人不愿接受法律约束的情况下所采取的一种形式。

尽管在国际银团贷款中，贷款人要求借款人提供的担保形式较多。但是，由于物权担保的处置受政治和法律等方面的影响，难度较大，因此在实践中往往不采用物权担保形式，而采用人的担保，尤其是采用保证书担保形式。本书以后论述中也将主要采用保证书形式。

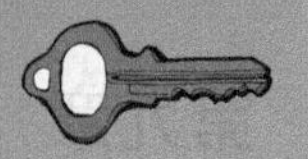

(4) 担保的主要条款

国际银团贷款的担保书一般是由牵头行委托律师事务所的法律专家拟订的，内容一般包括“对价”“担保条件”“担保责任”“陈述和保证”“见索即付”“延续担保”“延期、修改和和解”“税收费用”“适用法和司法管辖”等条款。

①对价。在银团贷款的担保书中，往往有这样的条款：“贷款人向借款人提供贷款的前提条件是担保人出具担保书。”这里担保书的对价就是银团贷款人给予借款人贷款，也就是说担保人通过为借款人提供担保所得到的回报，是银团贷款人向借款人提供贷款。

对价原则在不同的国家重视的程度不一样。在英格兰法上对价是适用于一切合同的基本原则，合同生效的前提条件是存在对价，没有对价，合同就不能成立。其他法系对合同的对价并没有严格的要求。但是在我国企业向外国金融机构的筹资合同中，往往必须具备这一条款，因为在适用法的选择上往往以香港法或英国法为主。

②担保条件。在银团贷款的担保书中，一般都会写明“本担保书是无条件的、不可撤销的”或“本担保人无条件的、不可撤销的保证”等措辞。“无条件”是指当借款人出现违约时，贷款人在没有用尽一切补救措施向借款人要求清偿规定的情况下，既可要求担保人履行担保义务；“不可撤销”是指未经贷款人（担保合同的受益人）的同意，担保人不得解除担保合同。在贷款合同中写定这样的措辞，主要的作用有以下两点。

一是确立了银团贷款人对担保人的立即追索权。这样使得在借款人出现违约时，贷款人无须用尽一切救济办法便能向担保人要求清偿。

二是确立了担保合同的独立性。从而使担保人承担的义务不会受到贷款合同的变化影响。

③担保责任。在银团贷款中，若有一个担保人承担贷款的担保，那么该担保人就必须承担 100% 的连带责任。但由于国际银团贷款金额一般较大，有时担保人往往不是一个，而是两个或两个以上，在这种情况下，就必须在担保合同中明确各担保人承担的责任。一般讲，当担保人出现两个或两个以上时，担保人的责任分为下述几种。

其一，共同责任担保。即每个担保人对全部贷款债务承担保证责任，当借款人违约时，银团贷款人可以向任何一个担保人或向所有担保人提出清偿请求。

其二，个别责任担保。即每个担保人只对借款人一定比率的债务承担担保责任，当借款人违约时，贷款人只能向每个担保人提出其担保比例上限范围内的清偿要求。

其三，个别和共同责任担保。在这种担保责任下，当借款人违约时，贷款人可以向任何一个担保人提出清偿要求，也可以向所有担保人提出清偿要求，在向一个担保人提出清偿要求未能满足其要求时，还可以向其他担保人提出清偿要求。总之，这种担保形式综合了上述两种担保责任的优点，因此广泛地被国际银团贷款所采用。

④陈述和保证。陈述和保证条款是担保人为了明确其担保资格和担保能力，而向银团代理行做出的保证。一般包括以下内容。

A. 担保人是具有充分的授权和权力行使民事责任的独立法人。已取得了担保所需的所有批准文件，如列入国家对外担保计划的批文等。

B. 除非国家另有法律规定，本担保合同项下的担保责任和其他合同下的担保责任具有同等地位。

C. 担保人不存在对本合同的执行有实质性影响的负债。

D. 担保人在每个财务报告期结束后的××日内向代理行提供经审计的财务报告等。

⑤见索即付。在担保合同中一般都有这样的条款：“本担保人在收到代理行发出的书面索付通知书的×日内，向代理行支付本协议项下的担保本金及利息、费用”，这条款即是见索即付。见索即付是指一旦贷款人向担保人提出付款指示，担保人就必须立即付款。做出这种规定的目的在于：在担保人采取任何诉讼或其他手段对借款人或任何其他人采取行动之前，担保人的义务已经履行，一经代理行提出要求，担保人即应通过代理行向贷款人赔偿相应的费用或损失。

⑥延续担保。在担保合同中，一般有“本担保合同是延续不断的担保，直到借款人清偿完毕所有贷款合同项下的贷款及其利息、费用为止”的条款。规定这样一个条款，可以使贷款人得到担保人的同意，在借款人的全部债务未清偿完毕之前，担保人将不会部分或全部解除担保责任。避

免贷款人因担保合同期满而无法向担保人索付现象的产生，确实保障贷款人的合法权益。

⑦延期、修改和和解。在担保合同中一般都规定，未经担保人同意，贷款人和借款人达成延长借款人清偿贷款期限，或对贷款协议条款做出了实质性的修改，或贷款人同意减少借款人的义务（即达成某种和解），担保人的担保义务将自动免除。

⑧税收费用。一般担保人在合同中均承诺，担保人将通过代理行补偿贷款人因执行本担保合同而发生的费用，贷款人取得的收益是足额的、无任何抵扣的。

⑨适用法和司法管辖。一般内容包括：选择什么法律作为适用法律；选择什么法院作为管辖法院；确定诉讼代理人。

项目融资：国际融资的新方式

国际项目融资是一种国际性融资，它解决了政府、主办公司和单一银行不能独立承担的巨额资金的需要。这种多元化融资可以分散风险，把项目风险转移到融资的参与者之中。同时多途径筹资增加了各大银行、国际金融机构的技术、政策、效益、风险的分析能力和技术能力，有利于项目的安全开发。这种融资方式中的多边参与可以通过各自的协议条文起到相互制衡的作用，最基本的是项目的共同利益可以加强参与者的责任心和积极性。

一、别有洞天的项目融资

项目融资是为了某一特定项目发放的贷款。由于项目的实施所需资金数额大、期限长、风险也大，单独一家银行难以承担全部贷款，所以项目贷款往往采用银团贷款方式。这种货款方式的特点如下。其一，贷款人不是凭主办单位的资产与信誉作为发放贷款的原则，而是根据为营建某一工程项目而组成的承办单位的资产状况及该项目完工后的经济效益作为发放贷款的原则。其二，不是一两个单位对该项贷款进行担保，而是与工程项目有利害关系的更多单位对贷款可能发生的风险进行担保，以保证该工程按计划完工、营运，并有足够资金来偿还贷款。其三，工程所需资金来源多样化。第四，项目贷款系“有限追索权”筹资方式。贷款风险大，贷款利率偏高，比一般工商企业贷款要高0.5%～0.75%。

1. 国际项目融资的参与者

国际项目融资的参与者呈现较复杂的结构，主要参与人包括贷款人、借款人、主办人以及中介人和收益人等次要的角色。

(1) 贷款人

国际项目融资的贷款人，因其资金来源的多元化而种类繁多。它包括：国际商业银行、国际开发银行、国际保险机构、出口信贷机构（如美国的进出口银行、英国的出口信贷担保部等）、国际金融机构（如世界银行、亚洲开发银行等）以及顾客信贷者（也是项目的受益人）。

(2) 借款人

国际项目融资的借款人也因其项目大、收益大和风险大而必须由项目所在国的最高资信者和受益者——国家政府或政府机构、财政部来充当项目的借款人，并且作为项目的主要担保者和主要风险的承担者。由于国际项目融资不仅涉及项目本身的微观效益，包括财务效益和经济效益，也涉及项目的宏观效益，包括整个国家的经济发展效益和社会效益。总之，关系到国计民生的大事，理应由政府来承担。

(3) 主办人

主办人即项目主办公司。项目主办机构应该是一个有自身资产负债的独立经济核算的法人，它主要承担项目全周期的筹资、项目执行、项目经营和贷款的偿还等环节的管理任务。但它不承担项目的全面风险，在筹资中只承担其资产负债表内的负债融资责任而不承担表外的风险；只承担有限追索权；只承担有限的担保和一般协议的承诺。在融资活动中，主办公司的金融顾问和技术经济顾问都在借款的可行性、最低风险和最低成本的分析和建议方面，发挥着积极的作用。

(4) 中介人

中介人是指在某种情况下为借款人牵线搭桥，并从中收取适量佣金的经纪公司，但大部分的借贷是通过直接联系和谈判达成的。

2. 国际项目融资的利与弊

(1) 国际项目融资的有利之处

国际项目融资具有如下有利之处。

①扩大借债能力。项目融资不以项目主建人的资信作为主要的考虑项目，项目的预期收益才是发放贷款的主要条件。

②减轻对外负债。由于偿还项目贷款的资金来源是项目本身的收入，贷款对象是承办单位，而承办单位可能是地方机构组建的，也可能是与外国资本合营的，这样就会减轻政府的直接对外负债，增强政府对外融资的能力。

③降低建设成本，保证项目的经济效益。贷款项目是经过各方面精确的可行性研究确定的，因此项目一般不会占压资金，比其他方法在时间上要快，以保证资金使用的效果，降低建设成本，提高项目的经济效益。承办单位与外商合营，便于学习国外先进管理经验，便于培养与培训干部，

提高企业的管理水平。

④设备的运价或工程造价较便宜。项目贷款所取得的资金在运用过程中，一部分可采取竞争性的招标方式，设备的货价与工程造价可以降低。

（2）国际项目融资的不利之处

国际项目融资具有如下不利之处：

①取得贷款手续复杂，联系面广，不如商业贷款方便。

②不是所有申请该贷款的项目都能批准，仅限于产品销路好、本身有吸引力、能保证盈利的项目。

③不如自由现汇灵活，它仅限于在该项目上使用。

3. 国际项目融资的途径

项目融资途径对主办机构来说，有本国政府的融资、私人部门的贷款机构、出口信贷、开发银行和保险机构、国际金融机构以及项目的顾客等，构成了项目融资的多种来源。

（1）本国政府融资

主办公司承担项目的全面责任，如果公司的自有资金有限，必须首先获得国内资金的支持，包括本国政府的融资和国内银行的融资。我国财政收入的一部分用于扩大再生产投资，并由过去的无偿拨款改为贷款，增强了主办机构的责任心和风险意识。实际上，许多西方国家的财政也为大型项目的建设提供资金，如铁路、矿山、飞机场、大型企业项目等。德国100%的邮电和铁路，95%的港口和供电工程、公路、河运和炼铝，国家都给予很大的资金支持。在发展中国家，由于财政收入有限，某些大的项目资金严重匮乏，大部分资金需要向国际市场融资，其比例最多可至3/4，自有资金只占少部分，但这一部分也成为项目主办公司的重要资金补充，是本国政府有偿贷款的一部分。

（2）国际商业银行融资

国际商业银行贷款是项目融资的主要资金来源。尽管商业银行的贷款利率偏高，期限偏短，但也有其独特的优势，即资金来源广阔、资金使用自由，更重要的是有专门的融资机构和分析评估机构。在一些国际金融组织中，尽管条件优惠，利率偏低，但资金有限额，手续较复杂，使用受限制。国际最大的商业银行还常常组织国际银行集团，把较小的银行也吸收到集团中来，参与项目融资。国际商业银行发放的项目贷款期限，虽不及世界银行和外国政府贷款，但也可达 5 ~ 10 年。通过主办国政府担保的商业银行，政府还会给主办公司一个补贴利率，使其在贷款偿还期内利率固定。国际商业银行还拥有一些有经验的专家，专门进行项目各种可能性风险及防范的分析和建议，这为主办国提供了一定的项目安全性保证。国际商业银行之所以资金来源广阔，除了由商业银行牵头组织银行集团外，还包括超越本国国境的跨国银行，如总行设在一国境内，另在国外设有分支机构的银行，或者总行和分支机构都设在国外的银行。跨国银行因其在国外设有分支机构，可以广泛吸收国外贷款和存款，资金来源更加广阔。国际商业银行还包括那些只设立在本国而在国外没有分支机构的经营国际银行业务的银行，它们同样有着广泛的国际业务联系，可以吸收更多的资金。国际商业银行因其业务范围广且资金来源多样化，才为提供中长期融资创造了条件，为大项目融资提供可能。

（3）外国开发银行和保险机构

外国开发银行和保险机构是项目融资的信用支持。一些国家开发银行的宗旨是鼓励在发展中国家进行直接投资，包括股份制合资、合同制合资等等，以帮助发展中国家进行资源开发，从中获得利润和原材料。某些国家为此扩大了政府的金融计划，如日本政府对在中国投资开发石油、煤炭的公司提供开发银行贷款和担保贷款，以此获得中国向日本出口煤炭和原油的承诺。美国海外私人投资公司（OPIC）对于美国公司在发展中国家的投资风险提供担保，为在发展中国家的投资者或贷款者提供中长期资金的商业风险进行担保，担保成本是担保金额的 1.75% ~3%。这些贷款、直接投资和担保都是项目融资可以利用的资金来源。

（4）国际金融机构融资

在国际项目融资中，国际金融机构，如银行集团的国际金融公司、亚洲开发银行、欧洲投资银行、非洲开发银行和泛美开发银行等都能为发展中国家的发展项目提供贷款。虽然融资金额受到限制，手续较复杂，但可以作为资金补充来源。国际金融机构的融资一旦通过评估并获批准，可以无追索权，期限可达7~15年，某些环节还可获得低息、无息或赠款的优惠。商业贷款所要求的主要是一系列的担保；国际金融机构融资所关心的是通过详细的分析、评估，使项目建立在可行的基础上。项目一旦被看准和通过审批，担保和追索权都不是重要的。

(5) 出口信贷

出口信贷和补偿贸易都可以成为项目融资的一个重要来源。项目一旦通过评议并由国际大银行或银行集团贷款，其项目的产品又是某些国家所需要的，那么双方的政府将会给予出口信贷以支持。一些国家出口信贷机构的贷款条件中要求项目的主办机构、商业银行和项目主办国政府都要提供担保。出口信贷的贷款条件要比商业贷款优惠，贷款期限较长，一般为8~10年，利率低于商业银行而且是固定利率。这些正是项目融资所乐于被接受的原因。

(6) 项目的受益人

项目的受益人也可以成为项目贷款的另一个来源，项目的受益人指的是对项目提出供货或长期供货要求的顾客。顾客信贷通常是项目融资的重要部分，当项目提供的产品或劳务属短线，使用方争取长期订货时尤为如此。通常，需求国会提供项目贷款或产品供应的预付款，以获得未来的产品供应权。这些融资和供货的交易，通常都是通过预购协议或贷款协议完成的，如煤气、石油、镍、铜、铁矿等各种矿产和金属的生产，常常吸引德国和日本等资源缺乏的国家提出供货要求，并作为顾客向有关大型项目提供政府贷款等形式的融资。

随着经济国际化的发展和融资工具的创新，今后项目融资将不仅限于以上的形式，也有可能向直接融资，即国际证券融资的方向发展，哪怕是作为补充形式，也可以扩大资金来源和提高项目的知名度及贷款人的资信。

4. 国际项目融资的运作

一般来说，国际项目融资的运作可以分为项目的运作和融资两阶段。

(1) 项目的运作阶段

一般在实践中，项目的运作可以分成以下七个阶段。

第一阶段：编制第一个建议书。

项目业主政府之所以采用国际项目融资方式，是为了在其基础设施的建设上不花费公共开支，而私营合同商则看到了项目机会，它们为此会在项目上进行如下积极的投资研究。

①投资前研究。为了确定项目的可行性，私营合同商必须对该项目的工程设计、经济及融资可行性进行深入而广泛的研究，拟定项目的范围并研究适当的技术来满足其需要。由于国际项目融资是在没有传统的政府偿还担保的情况下进行的，项目建设所需资金将不得不在国际金融市场上融资解决，因此私营合同商对项目的投资前研究必须做到尽可能的准确。

②初步规划和谈判。私营合同商做这项工作的目的是为了确认和建立赢得国际项目融资的潜力，同时应建立建设项目的准则、债务的资金来源、项目股本以及与有关的政府当局初步接触的方案。

③研究项目的初步期限和条件。私营合同商在其第一个建议中应对项目初步期限和条件进行拟定，主要包括如下内容：

A. 项目特许期限；

B. 收费率；

C. 政府在外汇汇率、征税等方面的资助和保证等。

第二阶段：签订项目谅解备忘录。

私营合同商编制的第一个技术建议书提交给项目主管当局后，如果其技术参数和内容能满足当局要求，那么该合同商在履行完当局规定的一些标准后，将会与项目主管当局进行新一轮的谈判并研究对第一个建议书的适当修改，在此基础上，双方将签订项目谅解备忘录。

第三阶段：签订特许权协议或意向书。

当有关项目的特许运营期限和条件等经双方谈判确定后，项目主管部门将会与合同商签订特许权协议或意向书。在这个阶段中，项目主管当局的许多政府机构将会参与其中。

第四阶段：项目安排和组织。

在获得了项目主管当局的特许权后，私营合同商将为此项目专门建立一个项目公司。在这个阶段中，凡是直接或间接涉及该项目的参与者相互之间的权利义务关系，必须以合同或协议的方式得到最后的确定。

在国际项目融资中，项目的私营合同商通常起到如下方面的作用：

①咨询单位：进行项目的可行性研究和设计；

②项目的承办者：与项目主管政府进行特许权谈判，并为项目进行推销股份等融资工作；

③施工承包商：对项目设施进行施工，通常是按总承包交钥匙方式进行的；

④股本持有者：在项目公司中，当该公司有利润时，其股本持有者可收取利润分红。

第五阶段：实施施工。

在这个阶段中，私营合同商将进行实际的项目施工和执行实施，并进行进一步的项目融资工作。项目施工通常所采用的方法是交钥匙固定价格承包方法。承包商的总包价格不得随通货膨胀而浮动，而且承包商必须对不可预见的场地情况承担风险。国际项目融资的建设合同有一个显著的特点是工期提前可获得奖金，延误则要被罚款。

由于项目融资比传统项目的施工组织更复杂，因此，为了保证施工工作的合理进行和正确执行，承包商常雇用独立的检查机构对项目进行监察。施工设计、施工质量和费用控制以及对项目的管理，都由独立的检查者进行检查。

第六阶段：项目运行。

项目的运行和维护者将管理合同设施，并负责在该阶段中收回投资和适当的利润，以归还贷款，支付运营费用、政府税收及股东分红等。

第七阶段：设施移交。

在规定的特许期限到期后，合同商通常就将合同设施的所有权或业主权无偿归还给政府当局或其指定的接收单位。

(2) 项目的融资阶段

项目的融资可以分成概念阶段和实施阶段。概念阶段也就是融资前期阶段，主要包括经济可行性研究及初步融资和商务计划；实施阶段包括融资计划的实施和管理。

①经济可行性研究。在项目的经济可行性研究中，又有四个不同的阶段。

第一阶段是数据收集和对项目在其经济和融资方面的审查，主要有以下内容：

A. 按期审查经济和融资分析；

B. 税收政策应用；

C. 财务和外汇分析；

D. 通货膨胀的预测和影响；

E. 建设费用、生产费用和产品市场。

第二阶段是对提出的经济和融资方案的审查，主要内容如下：

A. 在费用比较、经济规模分析和融资预测上的初步分析；

B. 对投资回报率（ROI）的比较分析；

C. 对基本事项，包括初期的生产容量的定义；

D. 计算机模拟分析，如收入和现金流预测、投资回报率、股本回报率（ROE）、付回和净现值（NPV）；

E. 敏感性和风险分析；

F. 贸易分析。

第三、四阶段主要是对资金来源的融资预测和资金应用、现金流、利润及亏损报告、项目评估计算、融资比率、敏感性分析和收益、费用分析。

②融资计划的实施和管理。该阶段包括初步融资和商务计划等各种活动，以及融资程序的实施和管理。

其一，初步融资计划的步骤。

建立融资准则：资本和运营费用、收入、采购计划、花费和投资进度、货币要求等；

确定资金来源：资本结构，即债务和股本比率、资金来源、初步期限和条件；

开展初步融资计划：资金来源信息的计算机模拟分析、融资预测和对关键融资参数的敏感性分析、开发推选的融资计划、债务和股本比率、借款及其偿还进度、进度期限和条件；

计划融资实施程序：包括怎样从贷款方得到许诺和担保的策略和方法、谈判的进度、文件准备、项目备忘录、协议和融资应用。

其二，融资程序实施的内容。

确定初步融资许诺：向贷款方提出建议、建议分析和谈判、与项目要求和采购程序相协调；

完成初步融资计划：包括对融资的详细预测、外汇安排、对建议和许诺的分析和选择；

完成融资：包括对资金来源的最后承诺、协调融资和采购计划、项目文件、贷款协议、货币、外汇要求等、资金和取款步骤、专门融资来源。

其三，融资管理的内容组成。

总的管理：包括取款步骤、货币要求、会计和控制、编制文件、过程报告。

与项目管理协调：包括连续的监控花费、用款计划等。

监控融资程序：包括外汇安排审查、在融资程序中对资金市场中可能有利条件的变化进行监控等。

其四，融资评估。

在评估BOT项目融资目的时，对投资者来说，首先关心的是项目的投资能否归还，投资者将从下列角度来评价项目的现金流动。

A. 投资回报率（Return of Inter－rate，简称ROI）。ROI是指内部回报率，或在项目特许期限内所有现金流出和流入的现值的折扣率。如果ROI高，这个项目就被认为是可行的即可投资的，理想的ROI是比当时银行借款利率高8～10个百分点。

B. 股本回报率（Return of Equity，简称ROE）。ROE是折扣率，等于股本投资的现值与债务在分期还款、利息及所得税后每年剩余现金流的现值。理想的ROE是比当时的银行利率高出10点以上，如果这样，则该项目是被认为有吸引力的。

C. 税后净现值（Net Present Value，简称NPV）。NPV是指债务分期偿

还、支付利息和所得税后，每年剩余现金流的现值与在规定的折扣率下股本投资的现值。只要 NPV 是正的，这个项目就被认为是可行的和有利润的。

为了具体说明一个国际融资项目在实践中的开展和建设阶段，以建设一个发电厂为例，介绍一下采用国际 BOT 方式进行项目建设的一般程序。

第一阶段：由项目所在地电力局和愿意承办该项目的发起人签订意向书，之后对发电厂项目进行可行性研究。

第二阶段：由发起人招商并组建项目公司。项目公司的股东可以包括土建公司和设备供应公司的联合体、商业银行和国际金融公司等。国家电力局也有可能参资入股。

第三阶段：项目公司和电力局之间签订特许权协议（项目协议、执行协议）。在此协议的基础上，项目公司准备并签订其他有关协议。

第四阶段：资金的筹措阶段。项目公司向银行贷款并签订贷款协议。

第五阶段：发电厂的建设阶段。

第六阶段：发电厂的运营阶段。项目公司自己或通过专业管理公司对电厂进行运营。项目公司通过收取电费回收投资，包括负担经营成本、偿还债务和股东分红等。

第七阶段：运营期结束。项目公司将所有权转让给国家电力局，由该电力局继续运营。至此，一个 BOT 项目的建设、运营和转让的全过程就结束了。

二、前程看好的 BOT 融资

BOT 方式是 20 世纪 80 年代由土耳其总理土格脱·奥扎尔首先提出来的，是 Build（建设）—Operate（运营）—Transfer（转让）三个英文单词的缩写，典型的 BOT 方式是指政府通过签订特许协议方式，把通常由国有单位或政府部门承担的为某一重大项目设计、施工、融资、经营和维修的责任交给私营公司或外国企业，在建成此项目后的协议期内，通过经营该项目，获得投资回报。协议期满后，项目无偿转让给所在国政府。

1. BOT：传统方式的创新

根据世界银行《1994 年世界发展报告》，通常所说的 BOT 方式还包括以下两种具体方式。

一是 BOOT（Build - Own - Operate - Transfer）即建设—拥有—运营—转让。项目公司融资建设某基础设施项目，项目建成后，在规定的期限内拥有所有权并进行经营，期满后将项目移交给政府。

二是 BOO（Build - Own - Operate），即建设—拥有—经营。这种方式是项目公司根据政府赋予的特许权，建设并经营某种基础设施。

此外，BOT 方式的变形形式主要有：BRT（Build - Rent - Transfer），建设—租赁—转让；BOOST（Build - Own - Operate - Subsidize - Transfer），建设—拥有—经营—补贴—转让；BTO（Build - Transfer - Operate），建设—转让—经营；DBFO（Design - Build - Finance - Operate），设计—建设—融资—运营；DCMF（Design - Construct - Manage - Finance），设计—建设—管理—筹资，等等。

随着社会经济的发展，发展中国家和发达国家对公共基础设施的需求量越来越大，然而政府的财政负担却都很重，为有效地缓解这一矛盾，基础设施建设就需要采用新的投融资方式。在 20 世纪 70 年代后，西方经济发达国家宏观经济政策的一个重大变化就是对国有企业实行私有化，政府不必出面亲自承建公共设施，而是把一切有关的事务交给私人企业管理。

负责承揽基础设施的国际工程承包公司在 20 世纪 70 年代的主要业务来源于中东的富裕产油国。到 80 年代随着石油价格下跌，中东国家也减缓了基础设施的建设速度，国际工程承包公司的业务量也明显下降，也需要寻找新的方式来拓展业务。

20 世纪 70 年代，在石油勘探和开采领域出现了为私人拥有的项目提供无追索权的项目贷款方式。美国和其他发达国家，基础设施领域也采用了该类融资方式。70 年代末 80 年代初，一些国际承包公司和有经验的发展中国家开始摸索通过无追索权贷款，以特殊的方式促进私人拥有和经营基础设施项目。此后，BOT 投融资方式逐渐流行起来。

进入21世纪以来，BOT方式已被广泛地应用在发展中国家和发达国家的基础设施建设中。著名的横贯英法之间的欧洲隧道，澳大利亚的悉尼港口隧道等都采用了BOT方式。土耳其、新加坡、马来西亚、泰国等发展中国家都有BOT方式的项目。BOT融资结构作为国际基础设施项目争先选用的发展结构，越来越受到广泛欢迎，这主要归功于BOT结构所具有的一系列转移、分散风险的优点。

近年来，随着对外开放的不断扩大，我国正越来越重视采用BOT方式来融入外资。许多外商也看重中国幅员辽阔、人口众多而基础设施建设落后这一情况，而愿意采用这种方式与我国合作。

在我国，电力、能源、交通等基础产业一直是制约我国经济发展的“瓶颈产业”。我国在基础工业、基础设施的投入是一个非常巨大的投资市场。随着我国投资环境的日益改善，国际上一些拥有巨额资金的大财团、大金融公司正把投资的重点转向中国的基础工业、基础设施领域。BOT投融资方式正是在这种情况下进入我国的。1995年5月10日，国家计委正式批准的第一个BOT试点项目——广西来宾电厂B厂2×35万千瓦火电厂，标志着BOT投融资方式正式进入我国。此后，我国又陆续建设了数十个BOT项目，如北京高速公路、上海大场自来水厂、上海延安东路隧道复线、丁渠火电厂等。相对于传统单一的政府投资模式，研究BOT融资模式及其结合我国具体实践的适用，对我国当前涉及数万亿元基础设施投资的有效控制和安全运作，具有重要的实践意义。

2. 采用BOT方式的优缺点

(1) BOT方式的优点

①有利于减轻政府直接的财政负担。政府通过采取让外商或私营企业筹资、建设、经营的方式，来参与基础设施项目，项目融资的所有责任都转移到私营机构，政府不必负担债务，可将节省下来的资金转用于其他项目的投资和开发，如教育、文化等。

②将政府的风险转移到私营机构。公共工程项目由于建设周期较长，其间可能存在很多不确定因素，例如，通货膨胀、汇率波动等问题，所以

工程建设中普遍存在投资和预算脱节的现象。采用BOT方式政府不承担项目的贷款债务，项目借款不列入政府负债表，从而可缓解广大发展中国家政府在国际信贷中信用能力不高的问题。

③有利于提高项目的运营效率。BOT方式通过组建项目公司的方式，集中有关各方专家完成该项目，解决了政府机构承担某些项目能力不足的问题；另一方面，BOT项目一般都涉及巨额资金的投入，以及项目周期长所带来的风险，由于外商或私营企业的参加，贷款机构对项目公司的要求就会比对政府更加严格，项目公司为了减少风险多获利，客观上也会加强管理控制造价。

④可提前满足社会与公众的需求。采用BOT方式，可在外商或私营企业的积极参与下，使一些本来急需建设而政府无力投资的基础设施，提前建成发挥作用，从而有利于社会生产力的提高。

(2) BOT方式的缺点

①在特许期限内，政府将失去对项目所有权与经营权的控制，有可能带来其他负面影响（如环境污染问题等）。

②政府要承担的责任较多。BOT项目在执行过程中，涉及工程、财务、设计、供应、经营等多方面的事项和众多的利益主体，需要得到政府在政策和行政上的支持。对项目收入要有所保证；对一些因不确定性因素而可能造成的项目损失要给予一定补偿等。

③可能导致大量的外汇流出。项目公司的重要参与方一般是国外公司，而项目产品如基建项目基本上都在国内市场销售，项目建成后可能会有大量的外汇流出。

BOT方式与中外合作经营方式有相似之处。比如中外双方都需要有一定额度的资金，合成一个企业进行建设、经营工作，合作期满后，外方移交退出。但他们之间还存在着一些差异，主要为以下几点。

A. 中外合作企业的经济行为完全是企业之间的，其经济行为一般地说是纯粹的企业行为，而政府并不承担主要的经济责任。BOT方式的项目公司一般都与项目所在国政府建立紧密的联系。

B. 中外合作企业必须有一定额度比例的自有资金，而且注册资本以外的贷款有追索权。BOT方式的自有资金的投入额度没有比例限制，资金主要是银行等金融部门提供的无追索权的贷款。

C. 中外合作企业一般不会有政府股份，合作期满后，公司财产移交给中方的一个企业。而BOT方式的项目在合同期结束后，财产完全移交给政府。

3. BOT融资：政府应予以大力支持

采用BOT方式进行公共基础设施建设的实质是由国外民营机构负责资金筹集、设计、建设并代表东道国经营和管理设施。这种方式对于那些面临紧迫的基础设施建设任务，同时又受建设资金困扰的发展中国家来说，不失为一种摆脱困境的手段。

基础设施项目的性质决定其投资利润率的低水平。对于国外民营企业来说，投资BOT意味着自身承担从资金、建设到经营收益的一切风险。因此，东道国政府在各方面的有力支持，是BOT项目成功的关键性因素。概括地讲，东道国政府在下列三方面的适当支持尤为重要。

①保证对基础设施的需求。对于能源开发项目，项目公司往往要求签订一定数量的产品或服务购买协议（即“排水协议”），来确保日后该项目的市场需求。由于对除海港、机场设施以外的基础设施的需求通常来自东道国的社会公共生活，项目公司不可能与公众签订“排水协议”，而通常要求和东道国政府某一部门签订“排水协议”。

②确定合理的服务价格。项目服务价格水平受制于多种因素，其中东道国国内政治经济状况是一个重要因素。因此，通常是东道国政府部门要求保留确定服务收费水平的权力，而项目公司则要求东道国政府作出保证，在东道国出现通胀而造成项目成本增加时，其增加部分必须通过提高服务收费水平来补偿。

③实施外汇担保。项目公司经营收益通常以东道国货币表示，因此项目公司和国际银团通常要求东道国政府允许将收入的当地货币兑换成硬通货，并且自由汇出境外。所以，在长达15~20年的经营期间，东道国汇率的稳定与否是项目公司关注的一个重要问题。

从实践中看，项目公司与东道国政府之间长期、艰苦的谈判工作主要

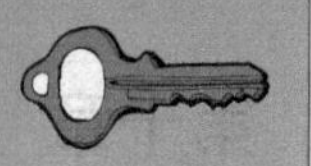

围绕以上三方面展开。所以东道国政府积极的、实质性的支持是 BOT 项目成功的关键。

4. BOT 的组织结构与运作流程

（1）BOT 的组织结构

BOT 方式中，政府与外商或私营部门的“项目公司”签订合同，由项目公司进行项目的施工和经营。项目公司由一个或多个承建人组成（或是合营公司，或是独资公司）。承建人包括一家工程承包公司和设备供应商。项目公司以股本投资的方式建立，也可通过发行股票以及吸收少量政府资金入股的方式筹资建立。

项目公司在协议期内拥有并经营该项目，通过向政府或公共部门出售项目服务，例如收取电费、道路收费等偿还债务，取得合理的收益。协议期满后，项目的所有权无偿转让给政府公共部门。

在典型 BOT 项目中，通常私营部门要组成一个多方联合体（财团），包括以下各方。

①承办人。一个 BOT 项目的承办人可以是一家或多家资金雄厚、经验丰富的工程公司。为了确保项目如期完工并不超过预算成本，工程公司必须具有财务能力和专业施工技术。这些工程公司共同建立一个项目公司，并进行股本投资，股本投资占项目总投资的 10% ~30% 。组成包括国际工程公司、设备供应公司的多方联合体，也可包括一个负责项目经营和维修的公司。

BOT 项目的可行性研究阶段通常耗资巨大，花费的时间较长。例如贝特集团在为土耳其承揽一个电厂和港口的 BOT 项目中，前后历时 5 年，耗资 700 万美元。项目前期准备工作的开销包括：可行性研究报告所需费用、财务和法律顾问费、差旅费以及为项目付出的其他人力和时间。因此，承办人需要有耐心和雄厚的财力。另外，上述费用由联合体各方分摊的方案应及早制定。

②项目公司。承办人组建项目公司是 BOT 项目的核心。项目公司首先同政府签订合同，获得政府的特许、项目的所有权和经营权，以及政府或

公共部门购买项目服务的购买合同，政府对项目收入等其他保证，然后同银行等金融机构签订信贷合同，同设计公司签订设计合同，同工程公司签订项目承包建设合同，同经营公司签订项目经营合同等。项目公司应在项目初期建立，以便同有关各方进行联络和洽谈合同。

由于BOT项目的复杂性，上述合同的谈判往往同步进行。但与政府签订的合同是其他合同的基础。项目承办人可通过签订合同，自己承担项目公司的项目设计、建设或经营活动。如果承办人的主要业务范围仅是工程建设，而不熟悉项目的设计或经营管理，可通过分包合同的形式将该业务承包给专门业务公司。但通常要对项目的设计提供整体构架，以便控制项目成本。

③财务顾问。同项目公司签订合同，为其设计整套财务融资计划，保证项目建议书符合法律要求，征集股本和筹备融资。

资金来源是BOT项目成败的关键因素之一。向BOT项目提供贷款的金融机构主要是出口信贷担保机构、信托投资机构、商业银行和国际金融机构等。此外，项目还可通过发行债券、股票筹集资金。

BOT项目所需资金的70%～90%要通过项目公司从银行等金融机构获得。银行所提供贷款的形式一般是无追索权贷款，即贷款方无权向项目的任何承办方（项目公司的股东）或政府追索债务的偿还。索赔仅限于项目公司及其财产，包括地产、厂房、设备，以及项目公司得到的任何权利、履约保证金、保险金和政府担保。有时银行也提供有限追索权贷款。无论何种贷款，银行通常要求项目公司首先具有一定金额的股本投资和来自政府的附属贷款。

项目的连续收入是获得贷款的重要条件，银行不仅要求项目公司提供清晰的财务分析，还要求项目公司通过合同形式或者保险方式，防止不可抗力因素影响连续收入的风险。而且银行还会要求得到政府提供的备用贷款承诺，以便在项目公司发生困难时，不会影响贷款利息的偿还。

④设备、机械供应商。组成联合体的目的是为项目公司提供项目设计、建设和经营服务，联合体各成员与项目公司的关系通过合同确定。通常联合体的成员分别来自不同国家。政府出于政治上的考虑，也愿意看到联合体的国际性，因为这样项目就不会只对某一个国家有利了。而且，供应商来自不同发达国家也有助于吸引不同的出口信贷资金，从而达到分散

风险的目的。联合体也可包括当地的合伙人。有实力的当地合伙人可以帮助项目公司加深对投资环境的了解，更好地处理与当地政府的关系，并且提供后勤服务。

⑤经营者。对于已建成的BOT项目，可由项目公司自己经营，也可委托有经验的经营者管理并经营。经营者可以入股项目公司，也可同项目公司签订经营合同。

(2) BOT项目运作流程

各个BOT项目千差万别，找不到两个完全相同的BOT项目，但是BOT项目的运作程序大致都要经过下列程序。

①确定项目阶段。一种方法是政府根据需要来确定项目。由于不是所有的项目都适合以BOT的方式进行，因此政府需要选择并确定哪些项目可采用BOT方式来建设。有时由于新技术的采用存在一定风险，金融机构不愿投入资金，或由于经济效益不佳，除非政府提供一定的补偿，否则外商或私营企业不愿参与。还有些项目由于当地法律方面的原因，只有修改法律后项目才能实施。因此在此阶段，政府的工作就是进行技术、经济及法律的可行性研究，确定适合进行BOT方式建设的项目。

另一种方法是私营部门经过对各种因素的分析，根据政府的需要，向政府部门提出项目建议。例如英国政府为解决跨越泰晤士河交通拥挤的状况，希望修筑一条公路，私营部门提出包括桥梁、隧道和水下管道等在内的多种选择方案。由于私营部门的经验及对经济效益的细致分析，私营部门在项目选择上具有很大优势，所以通常都鼓励通过私营部门来确定BOT项目。

②项目准备阶段。项目确定后，要通过招标来确定承包商。这就要为公开的项目招标做一系列准备工作。在这一阶段中，政府通常要制定一个项目技术参数的研究报告，列清项目的性质和规模。根据该报告准备招标文件（标底），包括对各投标者的具体要求和衡量投标条件的标准。通常都由法律顾问来协助政府进行这项工作。同时，政府可邀请有兴趣参加投资建设的外商、私人企业、金融机构或财团提出项目建设经营及贷款等方案和建议。

在这一阶段，作为外商或私营部门要调查项目的可行性，做详细的经济效益分析，要准备基础设计，并与贷款方协商，组成承揽项目的集团。

③招标阶段。政府部门通常在正式招标之前要对候选承包商进行资格审查，通过对其各自的组织状况、项目经验和财务状况的分析，确定正式参加招标的公司名单。资格审查的目的是选择技术和经济实力强的公司参加招标，降低正式招标的复杂程序。另外，限定投标者数量，有助于增强投标者的信心，并促使其细致地准备项目可行性研究报告。

参加正式投标的承包商需要制定和报送详细的项目建议书，内容包括：项目类型、项目服务水平和质量、计划工期、项目服务价格、收费标准、项目使用寿命、投资分配结构、价格调整方式、外汇问题、项目维修服务、风险承担、不可抗力等。

政府部门按照标底的衡量标准，对各投标者的方案和建议等进行综合分析、评价，在此基础上，选择具有承担此项工程经验和能力的外商或私营企业以及信誉较好的贷款机构。

④合同谈判阶段。政府部门同中标者就项目进行实质性谈判。双方要对项目的各方面条款进行协商，所有的法律文件都将在此阶段形成。如果谈判成功，双方将签订合同。这一阶段是 BOT 最复杂的阶段。由于 BOT 方式并没有一个可以照搬的样板，各个行业，甚至每一个项目都有很大区别，项目涉及的各方面都必须通过双方的谈判达成协议，而且 BOT 的组织结构又十分复杂，项目风险很大，所以谈判过程往往漫长而且开销巨大。

⑤建设阶段。一般都是以交钥匙工程的方式来建设。即项目从方案的选择、规模、设计、建筑施工、提供设备与安装、人员培训，直到试车、开始生产，由承包商一包到底。待工程建成，设备安装完毕，经过试车和一定时间的运转，在产品质量、产量和原材料消耗方面完全符合合同规定的标准条件下，验收移交项目。

⑥经营阶段。BOT 项目公司经营已建成的项目，其收入用以偿还贷款、收回投资及获得盈利。项目经营期间内，项目公司全权负责整个项目的生产经营管理，经营的经济效益越好，投资风险越小，越能早日偿还贷款，尽早获得收益。因此，项目公司都会尽可能采用先进技术和科学管理方法对项目实施管理。

⑦转让阶段。将所有权转让给政府。BOT 项目期限一到，按照合同规

定将项目无偿移交给政府。

三、春潮涌动的 ABS 融资

1. ABS：一个全新的话题

ABS 是英文“Asset - Backed Securitization”的缩写，即以项目所属的资产支持的证券化之意。它是指以目标项目所拥有的资产为基础，以该项目资产的未来收益为保证，通过在国际资本市场发行高档债券来筹集资金的一种项目证券融资方式。ABS 方式的目的在于通过其特有的提高信用等级的方式，使原本信用等级较低的项目照样可以进入国际高档证券市场，利用该市场信用等级高、债券安全性和流动性高、债券利率低的特点，大幅度降低发行债券、筹集资金的成本。

ABS 作为一种项目融资方式，起源于 20 世纪 70 年代初，首先在美国发展，用于推广住宅按揭融资。到了 80 年代，这种融资方式在全世界范围内开始被广泛应用，包括住宅按揭、信用卡、汽车贷款以及其他商品应收账款。常见的例子还有贸易和设备租赁应收账款，通常是将资金证券化，以募集资金。在美国，ABS 是指房屋按揭以外的各类资产支撑的证券。以房屋按揭支撑的证券习惯称为 MBS（Mortgage - Backed Security），属于 ABS 的一个专类，这两个名称都含有资产负债表外融资运作的意思。目前，国际 ABS 资本市场发展十分迅速。

ABS 是在资本市场发行债券、筹集资金。按照规范化的证券市场运作方式，在证券市场发行债券，必须对发债主体进行信用评级，以揭示债券的投资风险及信用水平。债券的筹集成本与信用等级密切相关。信用等级越高，表明债券的安全性越高，债券的利率越低，从而通过发行债券筹集资金的成本越低。因此，利用证券市场筹集资金，一般都希望进入高档投资级证券市场。但是，不能获得权威性资信评估机构较高级别信用等级评估的企业或其他机构，都无法进入高档投资级证券市场。ABS 运作的独到之处在于通过信用增级计划，使得没有获得信用等级或信用等级较低的机构，照样可以进入高档投资级证券市场，通过资产的证券化来募集资金。

ABS 融资方式的具体运作过程主要包括以下几个阶段。

①组建一个特别用途的公司 SPC（Special Purpose Corporaiton）。该机构可以是一个信托投资公司、信用担保公司、投资保险公司或其他独立法人；该机构应能获得权威性资信评估机构较高级别资信等级（AAA 或 AA 级）。由于 SPC 是进行 ABS 融资的载体，所以成功组建 SPC，是 ABS 能够成功运作的基本条件和关键因素。

②SPC 寻找可以进行资产证券化融资的对象。原则上，投资项目所附的资产只要在未来一定时期内能带来现金收入，都可以进行 ABS 融资。能够带来现金流入量的收入形式是：信用卡应收款；房地产的未来租金收入；飞机、汽车等设备的未来运营收入；项目产品出口贸易收入；航空及铁路的未来运费收入；收费公路及其他公用设施收费收入；税收及其他财政收入等。

拥有这种未来现金流量所有权的企业（项目公司）称为原始收益人。这些未来现金流量所代表的资产，是 ABS 融资方式的基础。在进行 ABS 融资时，一般应选择未来现金流量稳定、可靠、风险较小的项目资产。一般情况下，这些代表未来现金收入的资产，本身具有很高的投资价值，由于各种客观条件限制，它们无法获得权威资信评估机构授予的较高级别的资信等级，无法通过证券化的途径在资本市场筹集项目建设资金。

③以合同、协议等方式将原始权益人所拥有的项目资产的未来现金收入权利转让给 SPC，转让的目的在于将原始权益人本身的风险和项日资产，及其未来现金收入的风险隔断。SPC 获得这种未来现金收入的权利后，无论原始权益人的信用好坏，甚至在原始收益人具有破产风险的情况下，SPC 照样可以获得这种收入的权利，与原始权益人有关的各种债权债务关系，都与 SPC 无关。这样，SPC 在进行 ABS 融资时，融资风险仅与项目资产的未来现金收入有关，与建设项目的原始权益人无关。实际操作中，为了确保这种风险“隔绝”万无一失，SPC 一般要求原始权益人或有关机构提供充分的担保。

④利用信用增级手段，使该组资产获得预期的信用等级。信用增级是提高信用安全性的一种手段。一般做法是，首先调整项目资产现有的财务

结构，降低项目自身的实际风险，使项目融资债券实际上能够达到投资级水平，达到 SPC 关于承保 ABS 债券的条件要求。然后，SPC 通过提供专业化的信用担保进行信用升级。信用增级的渠道有：利用信用证、开设现金担保账户、直接进行金融担保等。

⑤委托资信评估机构，对即将发行的经过担保的 ABS 债券进行信用评级。信用风险的测定一般通过压力测试进行，即在对债券的按期还本付息能力的不利因素的各种假设条件下，分析可能出现的各种信用问题，考查项目资产的财务结构、担保条件，确定 ABS 债券的资信等级。

⑥SPC 直接在资本市场发行债券募集资金，或者经过 SPC 通过信用担保，同其他机构组织债券发行，并将通过发行债券募集的资金用于项目建设。由于 SPC 的信用等级很高（一般都获得权威性资信评估机构授予的 AAA 或 AA 信用等级），按照信用评级理论和惯例，由它发行的债券或者通过它提供信用担保的债券，也自动具有相应的信用等级，从而使项目能够在高档投资级证券市场上，以较低的资金成本募集建设所需资金。

⑦SPC 通过项目资产的现金注入量，清偿债权人的债券本息。项目资产是 ABS 债券的担保品，由它来支持债券的还本付息。

2. ABS 的自身优势与现实的可行性

从 ABS 融资方式自身来看，它具有以下几个方面的优势。

①ABS 融资方式的最大优势是通过在国际高档证券市场上发行债券、筹集资金，债息率一般较低，从而降低了筹资成本。国际高档证券市场容量大，资金来源渠道多样化，ABS 方式特别适合大规模地筹集资金。

②通过证券市场发行债券、筹集资金，是 ABS 不同于其他项目融资方式的一个显著特点。无论是产品支付、项目融资，还是 BOT 融资，都不是通过证券化进行融资，而证券化融资代表着项目融资的未来发展方向。

③ABS 方式隔断了项目原始权益人自身的风险和项目资产未来现金收入的风险，使清偿债券本息的资金仅与项目资产的未来现金收入有关；加之在国际高档证券市场发行的债券由众多的投资者购买，从而分散了投资风险。

④由于 ABS 方式是通过 SPC 发行高档债券募集资金，这种负债不反映

在原始权益人自身的“资产负债表”上，从而避免了原始权益人资产质量的限制。同时，SPC 利用成熟的项目融资改组技巧，将项目资产的未来现金流量包装成高质量的证券投资对象，充分显示了金融创新的优势。

⑤作为证券化项目方式融资的 ABS，由于采取了利用 SPC 增加信用等级的措施，从而能够进入国际高档证券市场，发行易于销售、转让以及贴现能力强的高档债券。同 BOT 等融资方式相比，ABS 融资方式涉及的环节较少，在很大程度上减少了酬金、手续费等中间费用。

⑥由于 ABS 方式是在国际高档证券市场筹资，接触的多为国际一流的证券机构，因此必须抓住国际金融市场的最新动态，按国际上规范的操作规程行事，这将有助于我国培养在国际项目融资方面的专门人才，规范国内证券市场。

目前，我国需要大量的资金投入各种建设，以适应国内经济的迅速发展。传统的招商引资方式和现有的金融机构以及融资渠道都不能满足我国经济发展的资金需求。拓展新的融资渠道，扩大引资金额，提高引资质量已成为当前经济发展的“瓶颈”问题。ABS 融资方式无疑将给我国的资本市场注入新的活力，成为我国项目融资的一种现实选择。

首先，我国经济建设巨大的资金需求和大量优质的投资项目，为 ABS 融资方式提供了广阔的应用空间。中国是经济高速增长国，高速发展中的经济令世界瞩目。但是，我国经济建设资金也越来越紧张。一方面，随着经济的迅速发展，现有的金融机构包括世行、亚行和外国政府贷款等融资渠道更难满足巨大的资金需求量；另一方面，我国利用外资的增长速度近期有下降趋势。面对市场容量高达 8 000 亿美元的国际高档证券市场，我国企业目前的信用等级却多在 BBB 级以下，无法进入该市场进行项目融资。ABS 融资方式能利用 SPC 使信用等级增加，从而使我国企业和项目进入国际高档证券市场成为可能。同时，随着经济的快速增长，大量素质优良、收入稳定、回报率高的投资项目不断涌现，这些优质的投资项目是 ABS 融资对象的最理想选择。

其次，ABS 融资方式是我国目前其他直接融资方式的优化。几年来，我国引进外资多采用股权融资方式，一般采用举办中外合资企业、外商独资企业等形式吸引外资。一方面，采取“超国民待遇”的优惠政策，既增

加了筹资成本，又破坏了公平竞争原则，使国内同类企业承受巨大的外部压力；另一方面，由于受企业规模、项目的生产经营、外商的资金来源渠道过于单一等条件的限制，影响了引进外资的规模。近年来，我国有关机构开始注意到利用“项目融资”引进外资的融资方式，并且将BOT这种融资方式炒得红红火火。但是，由于投资环境等因素的限制，也由于BOT融资牵涉的环节太多，涉及的因素太复杂，使得目前在我国大规模开展BOT融资存在很大难度。在这种情况下，引进ABS融资方式，无疑是直接融资方式的优化和现实选择。

再次，我国已经初步具备ABS融资的法律环境。长期以来，由于我国有关金融方面的法律不健全，国际资本市场上成熟的融资工具和融资模式在我国无法运作，丧失了许多利用国际资本的机会。据统计，日本、西欧和美国的巨额单位信托、互惠基金、退休福利、医疗保险等基金日益增长，已达8万亿美元。但是这些巨额资金鉴于其低风险、无亏损的投资标准和规定，大多不愿或不能投入我国市场。近10多年来，我国公布和实施的一系列有关法律包括《中华人民共和国担保法》《中华人民共和国保险法》《中华人民共和国抵押法》《中华人民共和国信托法》《中华人民共和国证券法》等，标志着我国的投资法律环境正不断得到改善，也为我国进入国际高档证券市场奠定了基础。世界各知名国际金融和投资机构均认为中国现已具备国际投资级ABS市场的基本条件和巨大潜力。届时，国际资本市场的投资者将会购买到评级较高的中国项目证券化产品，此类证券安全稳定、收益较高并具有流动性。

最后，利用ABS进行融资，有利于我国尽快进入高档次项目融资领域。由于ABS融资方式是在国际高档证券市场上通过证券化进行融资，从而使我国有机会直接参与国际高档融资市场，学习国外高档证券市场运作及监管的经验，了解国际金融市场的最新动态。同时，通过资产证券化进行融资，也是项目融资未来的发展方向。利用ABS进行融资，将极大地拓展我国项目融资的活动空间，加快我国的项目融资与国外资本市场融合的步伐，并促进我国外向型经济的发展。

3. ABS融资方式的合适项目与操作模式

ABS融资能够以较低的资金成本筹集到期限较长、规模较大的项目建设资金，因此，对于投资规模大、周期长、资金回报慢的城市基础设施项目是一种理想的融资方式。在电信、电力、供水、排污、环保等领域的基本建设、维护、更新改造以及扩建项目中，ABS 得到广泛应用。以这些项目为支撑发行的 ABS 债券，其收入来源通常是协议合同指定的收入项目（如高速公路过路费、电力购买合同等）。这些项目的建设，有很多是以社会效益为主，可能在不同程度上有公营、私营或者合资、合作经营的情况。为了保证以资产为支撑的债券能够有足够的按期还本付息能力，增长项目的还款能力，一般由多种不同的资产收入形式共同支撑一个特定的 ABS 债券。

4. ABS 在中国，一路看好

ABS 作为一项有效的新型融资方式，在我国具有远大的应用前景。

改革开放 30 多年来，我国在利用外资方面取得了举世瞩目的成绩。但是，多年来我国引进外资多采用股权融资方式，采用中外合资、合作企业、外商独资企业和政府贷款，国外商业银行贷款等形式。一方面，采取“超国民待遇”的优惠政策，极大地加大了筹资成本；另一方面，由于受到企业规模、项目的生产经营、外商的资金来源渠道过于单一等条件限制，影响了引进外资的规模。最近，我国有关机构开始注意到利用“项目融资”引进外资的融资方式。在这种情况下，ABS 融资方式，可能成为我国项目融资的一种选择，其理由如下。

（1）ABS 融资方式摆脱了信用评级的限制

进入国际高档投资级证券市场（目前这类市场有 80 000 亿美元的市场容量），必须获得国际认可的几家评级机构的信用等级。因此，这几家评级机构实际上控制着世界各国进入国际高档证券市场的入场券。我国作为社会主义国家，一直被西方国家认为存在较大的国家政治风险，再加上我国正处于经济转型时期，经济发展水平较低，产业结构存在许多不合理的因素，我国的国家主权信用评级一直不高。这样，目前我国企业直接进入国际高档投资级证券市场十分困难。ABS 融资方式通过信用担保和信用增级计划，使我国的企业和项目进入国际高档投资级证券市场成为可能。

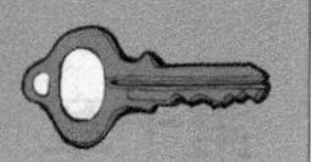

(2) 我国大量优质的投资项目，为引进 ABS 融资方式提供了物质基础

高速度的经济增长使我国经济具有了强大的投资价值和市场潜力。随着我国经济持续、快速、健康发展，大量收入稳定、回报率高的投资项目不断涌现，这些优质的投资项目是 ABS 融资对象的理想选择。

(3) ABS 融资拓宽了现有融资渠道

如上所述，目前我国利用外资方式基本集中在政府贷款、国外商业银行贷款等传统融资渠道上，这些融资渠道固然发挥了重要作用，但是，这些融资渠道同时也很狭窄。**ABS 融资是一种主要通过民间的、非政府的途径，按照市场经济规则运行的融资方式。**随着改革开放的不断深入，我国的金融市场正在成熟，ABS 融资方式会得到人们的广泛认可，从而拓宽现有的融资渠道。

(4) 开展 ABS 融资，将促使我国尽快进入高档次项目融资领域

由于 ABS 融资方式是在国际高档投资级市场上通过证券化进行融资，使我国有机会直接参与国际高档融资市场，学习国外高档证券市场运作及监管的经验，感受国际金融市场的最新动态。同时，通过资产证券化进行融资，也是项目融资未来的发展方向。开展 ABS 融资，将极大地拓展我国项目融资与国外资本市场融合的步伐，促进我国外向型经济的发展。

ABS 项目融资方式在我国开展仅有较短的历史，但已被实践证明是一种十分有效的项目融资方式。目前，国外一些较大的金融中介机构纷纷看好我国的 ABS 项目融资市场，并采取一些强有力的攻势，希望占有进而控制我国的 ABS 项目融资中介服务市场。这预示着我国利用 ABS 方式融资的热潮即将到来。为了促进 ABS 融资活动的开展，当务之急是尽快解决以下几个问题:

(1) SPC 的组建问题

利用 ABS 方式融资的前提条件是组建 SPC，以此作为进入国际高档证券市场的铺路石。但组建 SPC 若要获得国际权威性资信评估机构授予的较高资信等级，除了要具备雄厚的经济实力外，还要在西方发达国家登记注册。因此，我国目前应选择一些实力雄厚、资信良好的金融机构，通过合

资、合作等形式，与西方发达国家资信卓著的金融机构共同组建 SPC 或成为现在的 SPC 的股东，为我国在国际高档证券市场上大规模开展项目证券融资奠定良好的基础。

（2）外汇平衡问题

把采用 ABS 方式所筹集的资金用于项目建设，项目本身的产品可能很少出口创汇，所得收益主要表现为本国货币。SPC 为清偿其在国际高档证券市场上发行债券的本息，必然要将本币兑换成外币汇出境外。因此，我们应利用当前我国外汇储备充足的有利时机，保证 ABS 项目的外汇兑换，增强外商对在我国进行 ABS 方式投资的信心。

（3）法律、法规问题

当前，我国的法律体系还在完善之中。尽管颁布、实施了一系列相关的经济、金融法规，但基于 ABS 属于高档投资级的国际融资，原始权益人、投资者和项目的其他参与者的权益和责任是通过法律合同详细规定的，因此，需要确定能取得一切可用的法律保障和确实取得了行政和政治上的批准，特别是政府的支持。同时，要根据我国国情和国际惯例，加快相关立法，制定一套适合 ABS 融资方式的法律、法规，为 ABS 方式在我国的有效利用创造一个良好的法律环境。

（4）试点的问题

对于国内企业而言，ABS 属于全新的课题，现阶段尚缺乏项目营运历史。为了促进 ABS 融资活动的全面展开，建议先在不同的领域建立地区、行业、项目和企业的 ABS 试点，取得实践经验后，再在全国范围内全面推广，为我国的经济建设和经济发展提供较低成本的资金。

（5）人才培养问题

ABS 作为一种利用外资的崭新形式，我们对其尚缺乏深入研究。目前我国缺少负责 ABS 研究、管理的专门人员，更没有在国际高档证券市场上进行 ABS 实际操作的专家。因此，必须加快这方面人才的培养，深入研究 ABS 融资方式的方法和经验，以促进我国利用 ABS 方式融资热潮的早日形成。

四、渐露峥嵘的 TOT 与有限追索贷款融资

1. TOT：交通基础建设利用外资的重要方式

长期以来，我国交通基础设施建设的发展严重滞后于国民经济的发展，资金短缺与投资需求的矛盾十分突出。如何更有效地吸引外资，加快交通基础设施的发展，已经成为焦点问题。本书认为，应积极利用 TOT 融资方式，引入外资，为缓解我国交通基础建设资金供需矛盾找到一条现实出路，以加快交通基础设施的建设和发展。

（1）TOT 的含义

TOT 是 Transfer - Operate - Transfer 的缩写，是项目融资的一种形式。具体是指：中方在与外商签订特许经营协议后，把已经投产运行的交通基础设施项目移交（T）给外商经营（O），凭借该设施在未来若干年内的收益，一次性地从外商手中融得一笔资金，用于建设新的交通基础设施项目。特许经营期满后，外商再把该设施无偿移交（T）给中方。因此，TOT 方式与 BOT 方式的根本区别在于"B"上，即不需直接由外商投资建设交通基础设施，因而避开了在"B"段过程中产生的大量风险和矛盾，比较容易使中、外双方达成一致。

（2）采用 TOT 方式融资的必要性

在我国经济发展的现阶段，积极采用 TOT 方式，发展直接融资，对于加快交通基础设施建设尤为必要。

一方面，目前交通基础设施建设资金仍有较大缺口，发展直接融资是引进外资的主要形式。交通基础设施的建设是国民经济稳定、健康、持续发展的基础。我国交通基础设施的落后状况已经成为经济增长的主要制约因素。交通基础设施优先发展是世界经济发达国家成功的普遍经验。世界银行的研究资料表明，经济增长与基础设施之间有很强的相关性。人均 GDP 每增长 1 个百分点，则基础设施总量需增长 1 个百分点。其中供水增

长0.3%，公路里程增长0.8%，电力供应增长1.5%，电信增长1.7%。由此看来，仅仅依靠政府预算资金投资建设已成为制约我国交通基础设施建设发展的突出难题。因此，需要合理引导外资投向，扩大利用外资规模，弥补国内建设资金的不足。从我国目前经济形势发展及长远的观点来看，利用外资应以直接融资方式为主，而TOT融资方式不失为一种利用外资的现实选择。政府可选择适宜于实行市场化经营的项目，如高速公路、桥梁、码头等，先由政府投资建设，待项目建成开始发挥效益之后，再将经营权转让给外资经营，政府用项目转让所得资金进行滚动投资，建设新的交通设施项目，提高资金的使用效率。

另一方面，TOT方式可以减少国家外债，减轻国家财政负担，分散政府对交通基础设施的投资风险。外债规模过大，造成以后还贷压力过重，加剧了政府财政负担。采用TOT方式进行直接融资，政府将所建成的交通基础设施项目经营权转让，根据特许经营权协议，直接从外商那里融资，不会增加政府外债规模和财政负担，同时也分散了政府投资风险。

(3) 发展TOT方式是我国交通基础设施建设的现实需要

TOT是继BOT方式之后，进入中国基础设施建设领域的又一项目融资方式。它的引入，不仅是我国经济发展的历史选择，更是我国交通基础设施建设的现实需要。

①TOT融资方式只涉及经营权转让，不存在产权、股权之争。交通基础设施大部分是公用设施，涉及广大公众消费者的利益、政府的职责和国家政策的取向。因此，国家对关系国计民生的重要交通基础设施一般都明确规定由国有资产控股或占主导地位。如主要铁路和公路主干线完全由政府垄断；外资参与民航设施建设，中方必须占51%以上的股权；外商投资航空运输可参与30%的股权，在企业董事会中的表决权不得超过25%等。交通基础设施采用TOT方式融资，转让的只是特许经营期内的经营权，不涉及产权、股权这样的敏感问题，巧妙地避免了国有资产的流失问题，保证了政府对交通基础设施的控制权，易于满足我国特殊的经济及法律环境的要求。因此，在现行条件下较易推广进行。

②TOT融资方式与我国现行经济体制改革相适应，符合国有企业改革大方向。改革开放以来，我国交通基础设施有了大幅度增长，在这些迅速

增加的投资中，基本上都是依靠资金增量实现的。从发展的现状看，单纯依靠资金的增量已不能满足经济发展对投资的需求，特别是随着专业银行的商业化，企业投资主体地位的形成，可供国家直接安排用于结构调整的资金量将会逐步下滑。因此，要在保持资金增量稳定增长的同时，努力盘活现有国有资产存量，把“死”资产变成“活”资金，实现存量资产的重组和流动。TOT 融资方式符合国有企业改革的大方向，有利于加快交通企业改革的步伐。

③有利于盘活国有资产存量，为新建交通基础设施筹集资金，加快我国交通基础设施建设步伐。目前，我国国有资产存量已达 4 万亿元，经营性国有资产存量达 3 万亿元。然而，大约 2/3 的国有资产要经过重置更新才能发挥效益。因此，利用 TOT 融资方式，一是盘活现有交通基础设施的存量资产，优化资源配置，实现国有资产的保值增值，加快交通企业的改革步伐；二是为拟建新的交通基础设施项目融入资金，缓解资金短缺的矛盾，加快交通基础设施的建设速度，有利于国民经济持续、稳定、高速发展；三是通过外资增量的进入，为我们提供对国有经济进行战略性调整的历史契机，有利于提高国有经济的整体质量和素质。上海在交通基础设施建设方面走的就是这条路。上海将黄浦江上的南浦大桥、杨浦大桥及过江隧道的专营权以一定比例的股份转让给海外公司（中信泰富），以筹集资金，继续开发新的基础设施。“九五”期间，上海的重大城市基础设施项目还将按 TOT 模式，建成一批，盘活一批。

④有利于提高交通基础设施的技术管理水平，加快我国交通现代化步伐，提高国际竞争力。据世界银行计算，我国交通等基础设施由于技术效率和经营管理水平低下所造成的损失相当于 GNP 的 1%，年度基础设施投资额的 1/4，年度基础设施投资融资额的 1/2。这是由交通等基础设施的建设无外界竞争压力，产品定价受国家定价政策限制，企业无经营管理自主权等因素决定的。采用 TOT 融资方式引入外资，有以下有利之处。

一是可以打破国家对交通基础设施的垄断经营状态，有利于逐步建立起开放、有序、公平竞争的交通基础设施经营市场，加快我国交通基础设施的市场化进程。

二是外商投资经营交通基础设施是一种商业行为，其目的是要获得丰厚的投资回报。因此，为在市场竞争中求生存、求发展，他们必然会千方百计地控制成本，采用先进的技术、科学的经营机制和管理方法，以取得较高的生产效率和经营业绩。与此同时，我们也学到先进的管理经验，提高技术管理水平，从中获得良好的交通基础设施服务，有利于加快我国交通现代化的步伐，为我国加入世贸组织后与国际市场接轨、不断提高我国交通基础设施在国际市场上的竞争力打下良好的基础。

2. 有限追索贷款融资：独特的融资方式

所谓有限追索贷款，简单地说，是一种对风险的追索仅限于项目本身所形成的资产和权益及在项目建设和营运中所有环节的融资方式。

(1) 有限追索贷款融资的特点与优越性

有限追索贷款与通常的担保贷款和红火一时的BOT相比，它的特点十分显著。担保贷款可以由项目业主作为借款人，也可以由项目发起人作为借款人，由第三方提供还款担保，或者以已经存在的资产作为抵押（或质押）提供还款担保。一旦贷款发生风险，贷款人就会首先向提供担保的第三方追索，或强制执行提供担保的抵押品。从这一点看，贷款人的风险首先落在了提供担保的第三方或抵押品上，而借款人反而成了第二债务人。BOT项目融资方式无疑可以减轻引资国的外债负担，但境外投资者对该国的法制环境和经济环境要求很高。如果该国缺乏一套非常完整的法律体系和一个高度完善的市场机制，外国投资者不会有信心选择BOT融资方式。

有限追索贷款突破了担保贷款需要第三方提供还款担保的束缚，也没有BOT方式对法制环境和经济环境那样严格的要求。这种融资方式中，贷款人只将贷款发放给项目业主，而不是发起人。贷款人需要借款人项目本身所形成的资产，无论是有形的还是无形的，现在的还是将来的，固定的还是浮动的，要作为抵押品，为还款作担保；也需要借款人将在项目建设和营运中所形成的权力和利益，质押给贷款人。贷款人针对项目建设期和营运期的每一个环节所可能产生的风险，制定出规避风险的方案，分解给最有能力控制这种风险的发起人或有关政府分别或者共同承担，任何一方都无须提供还款担保。

有限追索贷款始于20世纪二三十年代，当时美国的银行向原油生产商提供了第一笔有限追索贷款，仅要求原油生产商以陆上的油田设备、石油或天然气生产设备作为抵押。在七八十年代，这种项目融资方式相对集中在能源开发项目和其他大型工程项目（包括管道铺设、矿产开发、发电厂建设、石化设备、船舶和通信卫星制造等项目）的融资上，运用范围也发展到美国之外的其他国家。

目前，有限追索项目融资范围已发展到城市交通、邮电、通信电力等项目，以及海港、机场、高速公路、铁路隧道等建设项目。这些项目基础性强、长期效益好，通常资金投入大并涉及国际贷款。

项目发起人之所以需求有限追索贷款，是因为它想将项目风险转嫁给提供有限追索贷款的贷款人。与传统的以借款人的绝对信誉为保证的银行贷款不同，有限追索项目融资的特点是将项目的大部分有关风险在借款人、贷款人和第三方之间进行分配。这里的第三方一般包括项目产品或服务的未来购买者、对项目具体风险提供保险的保险公司、项目发起人的合作伙伴以及其他有关合法实体。这里所指的风险转嫁并非借款人将风险完全地转嫁给贷款人，而是一种有限的风险转移，这意味着有限追索贷款的贷款人仅承担了项目的残余风险，也就是说贷款人是实质上的项目权益持有者。

项目发起人通常选择一个项目业主来具体负责项目的建设、经营和管理。为了避免因项目开发和经营可能发生的失败，项目业主总是希望筹得的贷款是有限追索贷款。项目业主是否需要转移风险，还取决于其筹资和投资决策中所面临的内部制约因素和外部制约因素。

来自公司内部的制约因素有三类，在每类制约因素下，项目业主筹措有限追索贷款都是一种较好的选择。

①来自对某一特定项目而言项目业主所面临的投资风险。为实现风险的分散，项目业主可以通过出售项目的部分权益而减少风险，但这种做法可能会使项目业主失去该项目的部分潜在利益。与此不同，若项目业主筹得有限追索贷款，则既可降低自己所面临的投资风险，又可避免失去该项目的部分权益，从而获得项目的全部潜在收益。

②来自当项目业主以发行债券或借入普通贷款进行项目融资时需进一

步为本身的筹资提供还贷担保所遇到的困难。在这种情况下，项目业主申请特定项目的有限追索贷款，也许是完成该项目建设唯一可行的方法。

③来自项目业主所面临的国家风险的大小、类型和期限。由于受国家风险的影响，项目业主只有通过筹集有限追索贷款，才可缓解具体的政治风险（包括利润的汇回、税制、财产征收等方面的政治风险）。

来自公司外部的制约也会使项目发起人产生转嫁风险的要求。这些外部制约，来自对在某些行业经营的公司负有财务状况监管责任的司法当局，和政府对作为资金供给者和风险承担者的公用事业建设者的要求。在许多项目开发中，东道国政府都要求项目发起人选择的项目业主是一个完全的私有公司，并能够筹集到一定额度的有限追索贷款。

除了上述的风险转移的需要，项目发起人还会因实现其他目标的需要而要求获得有限追索贷款。这些目标包括：使项目资产报酬率最大化；在维持公司适宜负债比率的同时，使公司和项目的偿债能力最大化；使项目或与项目有关的收入征税最小化；在给定的财务报表合并和披露的规定下，使会计实务最佳化；根据向第三方转移风险和为残余的风险进行套期保值操作的要求，通过贷款追索有限化而使合约条款最优化。

有限追索贷款的主要供应者是北美、欧洲和远东地区的一些主要商业银行和投资银行。此外，其他一些金融中介机构，例如保险公司、投资公司以及某些进出口信贷机构也提供有限追索贷款，有时，甚至一些跨国公司也会为一些较小的合作伙伴提供这类贷款。

有限追索贷款的供应在过去的十多年中获得了显著增长，其原因在于：

A. 组织、认购以及参与这类融资的经过风险调整的收益率具有较大吸引力；

B. 主要供应者的识别、评价和承担风险的能力不断提高；

C. 由于套期保值和保险技术的发展，使得有限追索贷款人可以以较少的成本降低或缓解风险；

D. 随着对国际资本市场有限追索融资技术的认识不断加深，许多新供应者进入了这一领域。

(2) 有限追索贷款项目融资结构的子系统

系统地来看，有限追索贷款项目融资具有庞大而复杂的机构。可将整个融资结构分为以下三个子系统。

①项目合同系统。项目合同系统是为项目的筹资、建设、运营而形成的一系列合同、协议、章程的总和。它又可分为商务合同系统和金融协议系统。

商务合同系统可分为以工程采购建设合同为中心的建设合同系列和以购销合同为中心的营运合同系列。

金融协议系统可分为贷款合同系统和融资协议系统。贷款合同系统可分为优先债权合同和从属债权合同。优先债权是指采取有限追索方式，无须第三方担保，对抵押品享有优先执行权的债权；从属债权是指需要第三方担保所形成的债权或项目业主自筹资金所形成的债权，这种债权对抵押品不享有权力和权利，在还款顺序上也排在优先债权之后。

融资协议系统包括抵押担保协议、债权人之间的协议、发起人支持协议等。这一系统设定了贷款、用款、还款的条件；设置了抵押品系统的框架；界定了债权人与借款人、债权人之间以及借款人之间的权利、责任和义务。

②风险规避系统。风险规避系统是贷款人为了减少、消除或转移贷款风险所设置的一系列抵押文件的总和，它包括担保、抵押、质押。担保中有对购销协议的履约担保；有项目业主对贷款的保证函或承诺函；有项目业务主管部门或当地政府对贷款人的支持函或安慰函。抵押有土地、机器设备、厂房等有形资产的抵押，也有对商务合同中的权利、保险公司的权益等无形资产的抵押。质押是指对业主账户的质押。

③账户管理系统。账户管理系统是贷款人为了在项目建设和营运期间或强制抵押时，控制现金流所设置的一系列抵押账户的总和，以及对账户管理的规定细则，包括人民币账户系统和外汇账户系统。人民币账户系统包括控制账户、营运账户、还贷款户、储备账户等；外汇账户系统包括控制账户、还款储备账户等。为了会计核算方便，每一个账户还可以设一系列的子账户。

通过账户管理系统，贷款人可以从价值形态上控制和管理借款人的建设经营行为，保证贷款人的利益在任何情况下都能得到最大限度的保护。

如此复杂的融资结构，不但需要金融专家作为融资顾问，还需要工程技术专家、保险专家、法律专家、环境专家、会计专家作为各方面的顾问。同样，如此复杂的融资结构，需要至少一家银行作为所有贷款人的代理行占有抵押品，进行日常管理，处理非常事件。所以有限追索贷款项目融资的费用通常较高。